クオリアと人工意識

茂木健一郎

講談社現代新書

2576

目次

プロローグ

タケシは、学校でやる演劇のオーディションの準備に張り切っていた。

その演劇のテーマは、最近世の中で流行っている、「人工知能」。人為的に知性を再現しようとする試みをコンピュータの誕生の歴史をふり返りつつ描く。そして未来への展望。生徒たちのオリジナル脚本、歌と踊りもある意欲作だ。

「それで、ぼくがやりたいのは、エイダ・ラブラスの役なんだ」

サユリが人類最初のプログラマー、エイダ・ラブラスの絵本を買ってきてくれて以来、タケシにとってエイダはヒーローになっていた。

「ジェンダーに中立的なキャスティングね」とサユリが言った。

「そう、ぼくが女性であるエイダの役をやってもいいし、逆に女の子が、コンピュータの生みの親、アラン・チューリングの役をやってもいい。もっとも、チューリングはゲイだったから、ジェンダー的にはより複雑なことになるけれども」

タケシの通っているのは、日本語、英語の両方で教育を受けられて、最終的には国際バカロレアの資格もとれる、先進的な考え方の学校だ。サユリがタケシと相談して、この学校に決めた。

　サユリが興味を持って聞いてくれているので、タケシは、目を輝かせながら、エイダのことを話し始めた。

「エイダ・ラブラスは、機械式コンピュータをつくったチャールズ・バベッジと一緒に仕事をして、人類初めてのプログラマーになった。しかも、当時の男性たちが戦争のための砲弾の軌道計算みたいなことに夢中になっている中で、エイダは将来コンピュータが音楽をつくったり、絵を描いたりといった創造的なことにも応用できるということを見抜いていた。まさに、ラブ・アンド・ピース！　エイダは、時代を１００年以上先取りしていたんだ」

「そうなのね。ママも知らなかった」

「コンピュータやロボット、人工知能の研究というと、男の子のイメージが強いけれども、それは社会的な偏見だよ。ほんとうは、女の子だってそういう研究に同じくらい、あるいはそれ以上に向いている。エイダは、女の子だってコンピュータは得意なんだというすばらしいメッセージの象徴。みんなエイダのことをもっと知るべきだよ！」

「そうね、私も賛成だわ！」

　サユリの声に勇気づけられたのか、タケシの口調も熱を帯びてきた。

「ビットコインの原理を提案したサトシ・ナカモトという人がいるでしょう。全くの匿名だし、日本人の名前だけれども、エスニックとか、ジェンダーとか、ほんとうのところはわからない。でもね、ひょっとしたら、エイダみたいに、女性かもしれないでしょ。何しろ、匿名なんだから。だから、『サトシは女性だ』というインターネット上のミームがあって、そういうTシャツをつくっている人たちもいる。エイダは、現代も生きているし、これからも生きていくんだよ！」

ひとしきりエイダを賞賛したタケシは、それから、サユリに意外なリクエストをした。

「ママ、いつかパーティーの時につけていた花の髪飾りあるでしょ。あれを、ぼくに貸してくれない？」

「いいけれど、何にするの？」

「エイダ・ラブラスの有名な肖像画があって、その中でエイダがつけている髪飾りと、ママが持っていたやつが似ているような気がするんだ。オーディションの時に、その髪飾りをつけていこうと思って」

「エイダの肖像画？」

「そう。スイス出身のアルフレッド・エドワード・シャロンという画家が描いた肖像画。エイダはなかなか魅力的な女性として描かれているよ。シャロンは、ビクトリア女王にも気に入られて、女王が母親にプレゼントする絵を頼まれたんだ」

だんだん、サユリにはタケシはオーディションを受ける話をしているというよりも自らの探求学習の成果を報告しているように感じられ始めた。

「そんなことまで調べるの？」

「そりゃあ、役作りのためには、どんな人だったか、どんな人生で何を考え、感じて生きていたのかを知らないといけないからね」

サユリは、寝室に戻ると、タケシに頼まれた髪飾りを持って戻ってきた。

「さあ、これでしょ！」

「うん、ありがとう！」

タケシは、さっそく居間の鏡の前に立って、自分の頭に髪飾りをつけ始めた。

「こうかなあ。違うなあ。あっ、左と右が逆だ！」

そう言いながら、タケシは、手元のスマートフォンでエイダ・ラブラスのウィキペディアの項目を見ている。そこに、その有名な肖像画の画像があった。

サユリは、鏡を見ながら頭に髪飾りをあてているタケシを興味深げに見ている。

「確か、このあたりに髪飾りがきて……。あっ、ちょっと待てよ。こっちじゃないな、エイダは、左側に髪飾りがくるようにつけているんだ。だから、鏡の中では……そうか、右に見えるようにつければいいんだ。絵とは逆だな」

サユリの口元に、笑みが浮かんだ。

タケシはまだ知らないけれども、サユリが大学で心理学を教わった教授は、左右や上下の視野が逆転する眼鏡を使ってさまざまな研究をしていた人だった。だから、サユリも学生時代に鏡の心理学に興味を持って調べたことがある。

「鏡の中で、右と左が逆になるのは不思議よね。でも、その理由は、まだわかっていないのよ」

「えっ、鏡の中で、左と右がどうして逆転するか、わからないの？」

「そうなのよ。いろいろな説があるんだけれども、どれも決め手に欠けていて。人間の認知プロセスは、まだまだ謎が多いのよね」

「ふうん……」

タケシは、鏡をのぞきこみながら、自分の髪の上の飾りの位置をあちらこちらに移動させながら確かめている。

「それどころかね……」

とサユリは言った。

「そもそも、鏡の中の自分が、なぜ自分だとわかるかということが、本当に考えてみたら、よくわからないことなのよ」

「えっ、どういうこと？」

タケシは、髪飾りを動かしていた手を止めると、いかにも驚いたという顔でサユリの方を見た。

「さあ、どういうことかしらね。少し、考えてみたらいいんじゃないかしら」

「そうだね！」

タケシの目が、ますます刺激されたらしい好奇心で輝いている。

「鏡の中の自分が、なぜ自分とわかるのか、かあ……」

タケシは、髪飾りのことをもうすっかり忘れてしまって、いろいろと考え事を始めたようだ。

第一章　人工知能と人工意識

人工知能の発展

人工知能（artificial intelligence, AI）の研究の進展が目覚ましい。

かつては、拙《つたな》い能力を示すことしかできない頼りない存在だった人工知能が、次第に強い人工知能（strong AI）へと変貌し始めた。

ここに、「強い人工知能」とは、人工知能が人間の思考力、感性を広くカバーし、やがては、意識まで「人工意識」（artificial consciousness）というかたちで実現できてしまうという考え方である。この立場からは、コンピュータやロボットは、やがて人間と同等の存在になると考えられる。それに対して、ある特定の分野（例えば、計算や、画像処理など）においてのみ力を発揮するのは、「弱い人工知能」（weak AI）である。

より実際的な視点から見ても、人工知能の進化が進み、やがては「シンギュラリティ」（singularity）を迎えて、人間の生活が一変してしまうのではないかとも言われている。自動運転から、人と人とのコミュニケーションのあり方まで、私たちの社会を根底からつくり変える可能性がある存在、それが人工知能である。

ここに、「シンギュラリティ」は、しばしば「人工知能が人間の知能を超える」事象と表現されるが、技術的にはそれが最も中立的で正確な定義であるわけではない。例えば、将来において、人工知能が自分自身を改善することのできるメカニズムができたとして、人間のコントロールが及ばないかたちで人工知能が成長し続ける時、そのような状況を「シンギュラリティ」と呼ぶ。人工知能の能力が急速に増大することが予想されるのである。

人工知能の能力が向上し続ける「結果」として、人間の知性を超えることがあるかもしれないが、それは一つの些細な事象に過ぎない。知性の全体のロードマップの中で、人間にとっては人工知能が人間の知性を超えるのは大変なことだが、「知性」という事象を普遍的にとらえた時、それは一つの「句読点」に過ぎないだろう。

「知性」の究極の到達点がどこにあるのかは誰にもわからない。ひょっとしたら、その極北には、一つの「宇宙」さえつくってしまう「神」とさえいえる境地があるのかもしれない。物理的につくるだけでなく、コンピュータの中のシミュレーションとして、宇宙をつくってしまうのかもしれない。

私たちが住む、138億年前にビッグバンとともに誕生したとされるこの宇宙そのものが、かつてどこかの知的生命体が生み出した人工知能によるシミュレーションであるという考え方すらある（「シミュレーション仮説」、simulation hypothesis）。

人間は置き換えられてしまうのか

今最も注目され、懸念されていることの一つは、人工知能が人間を置き換えてしまうのではないかという可能性である。

かつて、蒸気機関などの機械が登場した時にも、大量の労働者が失業し、「打ちこわし」運動（ラッダイト運動、Luddite movement）が起こった。今、似たような不安が人々の間に漂っている。ただ、機械と違って、人工知能はソフトウェアという見えないかたちで至るところにあるので、打ちこわしは難しい。

しかも、機械が置き換えた労働と異なり、人工知能が置き換えるのは、人間の能力の「本家本元」の「知性」そのものである。人々の不安は、生産の機械化が始まった時代のそれに比較してより広く、根源的なものであると言える。

人工知能は、一定の分野においては、人間をはるかに超えた能力を、生命の時間を大幅に上回るスピードで実現することが可能になった。そして、その能力の範囲は、徐々にしかし着実に広がっている。

人工知能の技術を支えている数学はもともとコンピュータと相性がいい。四則演算をすることはもちろん、大きな素数を求めたり、与えられた条件の下で最適なルートを求めるといった計算においても、人工知能は人間をはるかに上回る能力を持つ。

視覚情報処理においても、人工知能は人間の能力を超えた機能を持ち始めている。大量の画像の中から特定のイメージを探し出したり、人々の顔を認識したり、そのような処理の結果を記憶することに関しても、人工知能は人間をはるかに上回る。

自動運転技術への応用はもちろん、企業の経営や、政策決定、さらには、生命倫理に関する難題についての判断ですら、将来的には人工知能が人間の能力を上回るかもしれない。人間固有の領域は、加速度的に狭くなっていく。

「ホモサピエンス」＝「賢い人間」（Homo Sapiens）との含意を持つ、人間という「種」を指す学名は、人間が自らをどのように認識しているかを示している。人間は、他の生物に比べて「賢い」のだと自己認識しているわけである。しかし、「賢い」という属性が人間の専売特許である時代が、あとどれくらい続くのだろうか。

人工知能の躍進を前に、多くの人の胸をよぎる疑問がある。

果たして、人工知能はいつかは人間を超えてしまうのか？　もうすでに超えてしまっているのか？　「シンギュラリティ」は来るのか？　ひょっとしたら、もうすでにシンギュラリティに到達してしまっているのか。

人工知能が人間を超えるとしたら、その際、人間の「価値」はどうなってしまうのか？

人工知能時代に、人間が「賢い」ことで自らを定義付けることができなくなるとするならば、人間が人間であることの「存在証明」は、どこに求めればよいのか？

人工知能の能力が上がると、人間には、もはやすることがなくなるのだろうか？　人間は働く必要がなくなり、大量の失業者が生まれる一方で、結果としてすべての人に一定の収入が保証される「ベーシックインカム」（basic income）までもが実現してしまうのだろうか？

もしそうなったとして、人間が人間であることの尊厳はどうなってしまうのだろう？

すでに人間を凌駕した人工知能

大量の知識、データを記憶する能力においては、人工知能は人間を大幅に超える能力を持っている。アメリカの人気雑学クイズ番組「ジェパディ！」（Jeopardy!）で、ＩＢＭが開発した人工知能「ワトソン」（Watson）が人間のチャンピオンを破って１００万ドルの賞金を獲得したのは２０１１年のことだ。それから時が流れ、もはや、クイズ番組で人間が人工知能に勝てる見込みはない。逆に言えば、人間にとって、クイズで正解するタイプの「知性」は、ありふれていて市場で高い価値を得られないという意味で完全に「コモディティ」化している。

「ゲーム」も、現時点で人工知能が得意な分野である。囲碁、将棋、チェスなどは知的活動のイメージがあるが、分類としては「ボードゲーム」である。これらのゲームに関して言えば、人間は人工知能に全く勝てなくなった。この分野における代表的な人工知能は、グーグルの子会社ディープマインド（DeepMind）がつくった「アルファゼロ」（AlphaZero）である。アルファゼロは、囲碁、将棋、チェスのすべてにおいて人間のチャンピオン、そして現在あるプログラムのすべてを凌駕する能力を持つに至っている。しかも、アルファ「ゼロ」という名前が示唆するように、囲碁、将棋、チェスのルールだけ教えると、あとは自分自身と対戦して学習し、あっという間に人間のレベルを超えてしまう。

一般に、ルールが明確で、どのような基準で評価されるのかもはっきりしているゲームは、人工知能の学習の対象としてとても適している。もはや「ゲームマスター」は人工知能なのである。

ゲームは、知性の本質を考える上で重要な意味を持つ。日本では、一部にゲームを時間の無駄使いと見たり、学力を低下させる邪魔ものと見る傾向がある。しかし、評価関数が定まったゲームは、脳の学習回路を活性化させる上で有効な方法の一つである。ゲームというアプローチには普遍性がある。もし、ゲームが社会全体に比べて狭く見えるとすれば、それはゲームが狭いのではなく、ゲーム的な発想が広く及んでいない社会の側に問題があるのである。

ノーベル経済学賞を受賞したジョン・ナッシュ（John Nash）は、「ナッシュ均衡」（Nash equilibrium）とよばれる状況について研究した。ナッシュ均衡においては、ゲームに参加しているプレイヤーは、自分の戦略を変更することで利得を増やすことができない。すなわち今の戦略を続けた方がいいということになる。このような研究は、狭義の「ゲーム」だけでなく、人生のさまざまな側面に応用できる。ナッシュの人生を描いた映画『ビューティフル・マインド』では、ナッシュ均衡が恋愛関係の駆け引きに応用されていた。

そもそも、「ゲーム理論」（game theory）の立場から言えば、人生のすべては「ゲーム」である。ゲーム理論においては、日常の心の動きから、配偶者の選択、経済学、そして戦争まで、生きることのさまざまな諸相がゲームとしてとらえられて、プレイヤーの行動によって利得がどのように変わるかを解析する。囚人が自白するかしないかで刑期が変わる「囚人のジレンマ」（Prisoner's dilemma）や、相手に条件を提示し、相手がそれを受け入れるかどうかでお互いの利得が変わる「最後通牒」（Ultimatum game）、対立した状況で強硬策に出るか、それとも友好的にふるまうかを扱う「タカ派ハト派」（Hawk-dove game）など、各種のゲームが定式化されて現実のできごとの解析に用いられている。

「ゲーム」は、狭い意味での、娯楽のための遊戯という範囲を超えて、広く、社会全体や人生全体に応用できるアプローチである。生物の進化の過程もゲームである。仮想通貨の採掘もゲームである。そもそも宇宙の万物の進行自体が一つのゲームであると言ってもよい。したがって、今や人工知能が「ゲームマスター」だとすれば、ゲームというアプローチの普遍性を考えると、将来、人工知能が人生のさまざまな側面における「マスター」になる可能性がある。

人工知能の発展段階

人工知能に関わるさまざまな哲学的課題を検討しているスウェーデン出身で現在イギリスのオックスフォード大学にいる哲学者のニック・ボストロム（Nick Bostrom）は、人工知能を3つのタイプに分ける。第一の「オラクル」（oracle）型は、何か質問をすると、答えが返ってくる。人間が神におうかがいを立ててその答えが「神託＝オラクル」として返ってくるという故事が名前の起源である。例えば、クイズの問題に対してその答えを返してくるのはオラクル型の人工知能であるし、検索に対して適切な答えを返すのも「オラクル」型である。

第二の「ジーニー」（genie）型は、人間がある課題を依頼すると、実行してくれる。どのような手段でその目的を遂行するかは人工知能に任せられている。「アラビアン・ナイト」でランプの中から出てくる、命令に従う「魔人＝ジーニー」が名前の起源である。例えば、「何かそんなに重くない、健康によいお昼を用意してくれ」と依頼して、その趣旨に合う弁当を購入して持ってくるのは「ジーニー」型の人工知能である。

そして、第三の「ソヴァリン」(sovereign)型は、人工知能自身が目的を定めて、勝手にさまざまなことを遂行していく。例えば、依頼者を幸せにするために必要なことを自ら判断、選択して、依頼者の同意を得ずに「勝手に」実行してしまう。どこの学校に出願して何を学ぶか、どんな仕事に就くか、誰と結婚するかも人工知能が代行して決定してしまう。国王のような、主権者を表す「君主＝ソヴァリン」が語源となっている。

人工知能が発達していくに従って、そのタイプは次第にオラクル型からジーニー型、そしてソヴァリン型へと進化していくものと思われる。段階が進むにつれて、要求される知能のレベルも上がっていく。特に、この世界の中で生きる上での「常識」(コモンセンス)が必要になる。とりわけ、「ソヴァリン」型の人工知能は、そのまままそっくり「常識」のかたまりでなければならない。

ソヴァリン型の人工知能が実現すると、その人工知能に自分のコーチやメンターをしてもらう人が増えてくるだろう。会社の「社長」をやってもらうという動きもあるかもしれない。その方が業績が上がるということがエビデンスで示されれば雪崩を打つように人工知能の社長を雇う会社が増えてくるだろう。

　現在のところ、私たちは人工知能としてはオラクル型しか手にしていない。クイズに答えたり、将棋の最善手を答えたりするのはオラクル型である。ジーニー型の人工知能の研究は多少は行われているが、ソヴァリン型の人工知能は今のところ仮想の存在にとどまっている。

　今後、ジーニー型、そしてソヴァリン型へと発展するにつれて、次第に人工知能は自律性を増し、人間の自由度は減っていく。そして、私たちにとっては便利な社会が実現するとともに、人工知能に対して抱いているさまざまな深い恐れもまた現実のものになってくる。

　そのうち人間が人工知能に「指導」され、やがては「支配」されることすらあるかもしれない。「全体主義」（社会全体のロジックが優先され、個々の人間の自由が失われてしまうこと）と「全体最適化」（ある種の評価関数で、社会全体が最適に調整されること。例えば、最大多数の最大幸福）との境界は曖昧である。人工知能が強力になっていった時、人間の立場はどうなるのだろうか。

　そこに現れるのは、ユートピアなのだろうか、それとも、ディストピアなのだろうか。

人工知能に欠けている「常識」

一般に、どのような行動が望ましいと考えられるかという「評価関数」(evaluation function) さえはっきりと決まれば、人工知能はそれを「最適化」できる。人工知能が苦手なことがあるとすれば、そのような評価関数が明確に定まっていない領域である。

人間の思考や行動を観察していると、何が正しいのか、あるいは何が許されているのかというルールが決まっている領域は実は少ない。ルールは、評価関数の一つの(極端な)事例である。人間の生活のほとんどの領域は、評価の基準が曖昧であり、だからこそ「常識」(コモンセンス) が問われる。

つまりは、生きる上での「常識」が問われるような局面が、評価関数を与えるのが最も難しい。逆に言えば、「常識」を支える人間の脳の認知のプロセスが、人工知能研究の今後において最も重要となり、また、人工知能の限界となる可能性がある。オラクル型、ジーニー型、そしてソヴァリン型へとタイプの階段を上るほど、「常識」は大切になってくるだろう。

注意深く見ると、人工知能が得意なことと不得意なことの間には、ばらつきがある。人間が簡単にできることが、人工知能にはまだできない。一般に、「常識」に基づいて判断するようなことは、人工知能は不得手である。このことは、人工知能がロボットなどに搭載されて家庭や街に出るようになると深刻な問題になってくるだろう。介護など、人手不足の分野で人工知能が活躍するためには、この「常識の欠如問題」を何とかクリアしなくてはならないのである。

フレーム問題

お年寄りの介護をするという大切な仕事に携わっている時に、人工知能が常識に反した行動をとって万が一のことがあったら困る。場合によっては、命にまで関わる。人工知能が私たちの日常の中に入ってくるためには、「フレーム問題」(frame problem) として議論されてきた「常識」に関する諸問題を解決する必要がある。すなわち、現実を構成するさまざまな状況のうち、何が本質的な要素で、どのような切り取り方の枠組み (フレーム) を選ぶのが適切なのかを、判断できなければならないのである。

例えば、近い将来、人工知能 (を搭載したロボット) に対して「お昼にあの店のサンドウィッチを買ってきてくれ」とオーダーするとする。ボストロムの分類によれば、「ジーニー」型の人工知能である。単純にサンドウィッチをお金を払って買ってくるだけならば実行できるかもしれないけれども、現実にはいろいろなことが起こる。サンドウィッチが売り切れていたらどうするか。近くの店にあるハンバーガーでいいのか？　おにぎりでは？　買い物を実行しようと街を進んでいるうちに大雨が降ってきたらどうするか？　お昼休みに食べたいのだから、代わりのものをいろいろ探しているよりも、時間を優先してコンビニで買った方がよいのか……。時々刻々と変わる現実的な状況に対処するためには、その時々で適切な「フレーム」でものごとを考えて、行動していかなければならない。

現時点での人工知能は、このような常識的な判断ができない。一方、生きものは、知性が高い種も低い種も、フレーム問題をある程度はクリアしている。そうでなければ、いろいろなことが起こる環境の中で生きのびることができないからだ。現時点で開発されているロボットは、管理された人工的環境の中では力を発揮するが、野生ではさまざまな状況に対応できない。「野良ロボット」がいないのはそのためだ。

人工知能と「生命」

「常識」の欠如は、より一般的に、「知能」が「生命」よりも狭いということに関連する。

生命の評価関数は単一ではない。試験の得点が高い優等生が必ずしも恋愛には長けていないし、仕事ができないケースも多いのは、評価関数が異なるからである。生命の評価関数は単一ではなく、複雑に絡み合って、駅伝でたすきをつなぐように時間の中で流れ、展開していく。

人工知能が、「正解」が決まっている「クイズ」は得意なのに、楽しい「雑談」をするのが苦手な理由は、ここにある。雑談をする上での評価関数は必ずしも明確ではない。相手によっても変わる。さらに、たくさんの「常識」で会話を支える必要がある。だからこそ、難しい。

人工知能が進化するにつれて、それが活動する舞台は、箱庭的な小さな世界から開かれた大きな世界へと開放されていく（はずである）。そこでは、いわば、「生命のリアリズム」が大切になってくる。

知性は明らかに生命よりも狭い。「知性⊂生命」である。知性は将来生命を人工的に生み出すかもしれないけれども、「知性＝生命」とは絶対にならない。

その意味で、人工生命（artificial life）の研究の方が、人工知能の研究よりも広い。人工生命は人工知能を含むが、その逆は真ではない。

人工知能が「常識」を持つことは、それが、「生命」のようなしなやかさや頑健性（robustness）を持つことにつながる。一方、そのような「常識」は、人工知能が再現するような、評価関数で定義される「知性」としては解析できず、実装もできない可能性がある。

人工知能研究は、必然的に、人工生命研究を要求するかもしれない。しかし、そのような道筋が問題になるのは、人工知能が本格的に「常識」や、それに関連した「身体性」などの問題を取り入れ始めた時だろう。

人工知能と「時間」

生命にとって最も重要なことの一つが「時間」である。時間の制約は、生物にとっては当たり前のことである。生命現象は、すべて、時間という制約の中で起こる。サンゴの産卵は、典型的には年に一回、満月の頃に行われる。海水温などの環境要因によって、特定の時期が産卵する上で最適なタイミングであるということを、サンゴは知っている。この時期を逃すと、サンゴは世代交代ができなくなる。

人間の生命活動においても、「時間」がすべてである。出会っても、恋に落ちるかどうかは状況次第である。同じ製品やサービスでも、投入する時期によってヒットにもなれば不発にも終わる。恋愛から経済まで、タイミングを逸した活動は、意味を持たない。生命は、時間というパラメータを軸にして展開される壮大なシンフォニーであると言ってもよい。

時間という観点からも、人工知能は人間を凌駕しつつある。とりわけ、スケールやスピードにおいて、人工知能は人間の時間を超えつつある。

もともと、人工知能の今日の隆盛においては、コンピュータのメモリやCPUの処理速度などの能力が向上したことが大きかった。同じアルゴリズムや学習規則を用いていても、処理速度が高速化するだけで、今までできなかったことができるようになる。

ハンガリー生まれの物理学者であるアルパド・イロ（Arpad Elo）が考案した「イロレーティング」（Elo rating）は、対戦ゲームにおける強さを示す指標である。ディープマインド社が開発し、将棋やチェス、囲碁において人間をはるかに凌駕している人工知能、「アルファゼロ」は、立ち上がりから数時間のトレーニングでそれまで最強とされていた「ストックフィッシュ」（Stockfish）よりも高いイロレーティングを実現した。

これらのボードゲームにおいて、人工知能はもはや人間を段違いに超えているので、能力を人間と比較してもあまり意味がなく、人工知能どうしで比較するのが合理的である。その中で世界最強と認定されることが重要となる。人間もまた、自分の強さの指標や、学習する際の相手として人工知能を選ぶ傾向になっている。将棋の藤井聡太を始めとする棋士も、人間相手ではなく人工知能をパートナーとして実力向上のための鍛錬をする傾向が強まっている。

ディープマインド社を率いる神経科学、人工知能の研究者のデミス・ハサビス（Demis

Hassabis）によれば、アルファゼロが将棋、囲碁、チェスのルールだけを知っているゼロの状態から始めて人間の最強レベルを超えるのにかかる時間は現時点で数時間である。コンピュータの計算素子の能力が向上するにつれて、この時間はどんどん短縮されるものと思われる。

これは、考えてみれば大変なことである。棋士たちが十年、二十年という長い時間をかけてようやく到達した実力レベル、境地に、人工知能は比較にならないくらい短い時間で到達してしまう。かつて、羽生善治は「将棋の神様が見えかけたことがある」と言ったことがある。人工知能もまた、将棋やチェス、囲碁の神様をかいま見るのだろうか。

人間と人工知能の比較はこれからさまざまなかたちで行われていくだろうが、「時間」を考えれば、そもそも人工知能は人間と比較にならないくらいすぐれている。人工知能をゼロから立ち上げて、学習させ、数時間後には人間を上回る能力を持たせることが可能になった世界では、人間は何をやっていけばいいのだろうか。

日本では一般的ではない学びのあり方に「飛び級」がある。海外では、10歳で大学に入学するといった話は珍しくない。一方で、そんなに急いでも仕方がない、ゆっくり進んでいくのがよいのだという考え方もある。「神童は、二十歳すぎればタダの人」といった言い方もある。早回しで生きても、結局ロクなことはないかもしれない。とりわけ、同化圧力の強いコミュニティでは、飛び抜けすぎるといろいろと叩かれることもある。

日本のような社会で「飛び級」、一般的に言えば生物学的年齢と関係のない学びを実現することは難しいかもしれない。一方、人工知能の「飛び級」ぶりは驚異的である。人工知能は、自分自身と一秒間に何万局も将棋を指し、囲碁を打ち、成功した手を導く「結合」を強め、失敗した手に至る「結合」を弱める「強化学習」のメカニズムを通して急速に学んでいく。

職人が行うような技には、手先の器用さなどの未だ人工的には実装しにくい能力が含まれるので、人工知能による時間短縮が図りにくい。しかし、将棋や囲碁では、すでに、人工知能にとっての学習時間は数時間で人間の生涯に匹敵するという事態が生まれてしまっている。

人工知能の発展によって、人間の存在意義が揺らぐのは仕方がないことだろう。少なくとも要求される能力が変わってくる。まずは「時間」という視点から、私たちの存在の真価、生命のあり方が問われている。

人間であることの意義

人間が人間であることのユニークな意義とは何か？　そもそも、私たち人間にしかできないことなどあるのか？　私たちの個々の具体的な能力は、これからすべて人工知能に凌駕されてしまうのか？　だとすれば、私たちはこれから人工知能に従い、人工知能が生み出した富によってベーシックインカムを享受しつつ、遊びで時間を浪費するくらいの道しか残されていないのだろうか。ジャン＝ポール・サルトル（Jean-Paul Sartre）でさえ予想しなかったであろう人工知能時代のこのような「存在論的不安」は、しばしば言われる、人工知能に職を奪われるといった懸念よりも中長期的に見ればよほど深刻で、またある意味ではリアルだと考えられる。

実際、過去の歴史上の経験に照らせば、人工知能が発達しても、人間の仕事はその内容が変化することはあっても、なくなることはなさそうだ。ただ、今までとは異なる能力を獲得するための努力や工夫は必要になりそうだ。また、現在もてはやされている能力の持ち主たちがそれほど社会的に影響力を持たなくなり、これまではさほど評価されていなかったタイプの人たちが表舞台に登場してくるかもしれない。

しかし、そのようなある意味で楽観的な見通しと、私たちの魂の深いところでの自己肯定感、自己規定は別の問題である。

一般に、人工知能時代には、何かが「できる」ということに存在証明を求めるのではなく、ただ「在る」ということに人間が人間であることとの意義を求める日が来るのではないかと考えられる。

言い換えれば、人間が人間であることの証しが、「今、ここ」(here and now)にいるという意識の流れ自体に依拠するということである。

そもそも、「私」が「私」であるということの証しは、「私」が賢いこと、知性を持っていることによるのではなく、ただ「私」が「今、ここ」に意識を持った存在として在ることに求められる。そのような意味で意識と知性はとりあえずは分離可能であるはずだ。

人工知能による「個性」のゆらぎ

人工知能の発達によって、正解が決まっているような問いに早く答えるような能力はコモディティ化して価値が減る。むしろ、ワンアンドオンリーな個性の方が重要になってくる。

しかし、そのような人間の「個性」もまた、人工知能によって脅かされようとしている。私たち人間一人ひとりの「尊厳」、「個性」を成立させている要素が、人工知能によって複製可能、交換可能なものになろうとしているからだ。

短時間声のデータを入力しただけで、その人の声で任意の文をしゃべることができる技術はすでに実現している。市井の一般人から首相、大統領まで、あたかもその人がしゃべっているような声で任意の言葉を話させることができるのである。

そのような時代には、不祥事や犯罪の「証拠」としての音声データの意義が根底から揺らいでしまう。例えば、汚職を匂わせるような音声データがあったとしても、それが本当に起こったことか、わからなくなってしまう。実際、各国の情報機関は、すでに音声情報がフェイクであるかどうかを検知する方法を研究し始めているという。

音声だけでない。映像表現でもまた、現実ではない「フェイク」の映像をつくる技術ができ始めている。

例えばモナリザの顔の静止画が一枚あるだけで、モナリザを主人公にした動画をつくることができる。このような「ディープフェイク」(deepfake)の技術が実用化されて、有名俳優を用いた架空のビデオがつくられている。人気ドラマの主人公の顔を、自分自身の顔で置き換えるサービスもできているという。

音声だけでなく、映像においても現実とは異なるものをつくることができるとなると、何が起こったかということを実証することは、ますます困難になると考えられる。かつても、歴史の中である特定の人物を「消して」しまったり、そこにいなかった人物を付け加えたりなどの操作が行われたことがあった。

そのような操作が、人工知能によって、より精緻にできるようになる。しかも、それが

「点」だけでなく「線」や「面」でできるようになる。

人工知能を通して、人為的にフェイクのリアリティを生み出すことができる世界において、人間はどのようにして価値観や世界観を再構築していくのか。それは、これからの私たちにとっての最も重要な課題の一つである。

ディープフェイクがコモディティ化するような時代に、私たち人間はどこに自分の存在意義、アイデンティティを求めていけばいいのだろうか。

何よりも、私たちの「個性」はどうなってしまうのだろう？

自己意識に関するセントラルドグマ

もっとも、音声や映像から「私」が再構成されるのは、あくまでも他人の視点から見た場合である。「私」という存在の根幹がさらに深い基盤から揺れるのは、「私」の内面から見て、つまり、「私が私である」という「自己意識」(self-consciousness) のあり方が揺り動かされる時であろう。

私たちは、人間の意識について、次のような直観を持っている。そして、このような直観は、現在知られている脳と意識の関係についての科学的知見に支えられている。すなわち、「私」という人間は、意識を持った存在としてこの宇宙の歴史の中でたった一度だけ生まれる。そして、「私」という存在がやがて死んでなくなってしまえば、「私」という意識は、二度と戻ってこないという考え方である。

生物学においては「ＤＮＡがＲＮＡをつくり、ＲＮＡがたんぱく質をつくる」（DNA makes RNA, and RNA makes protein）という考え方が「セントラルドグマ」（central dogma）と呼ばれている。同じように、私たちの自己意識が、この宇宙の全歴史の中で一回だけのものであり、一度死んでしまえば二度と戻らないという考え方を、自己意識に関する「セントラルドグマ」と呼ぼう。

もちろん、「死後の世界」や「生まれ変わり」を信じている人たちもいる。そのような人たちにとっては、今、この人生が終わり、自分の「意識」がなくなったとしても、何らかのかたちで「私」は存続し、あるいは別の命として生まれ変わると信じられるかもしれない。

しかし、今日の科学的世界観の下で、脳活動からどのように意識が生まれるかということについての基本的なモデルを信じている人にとっては、「私」の「意識」はこの宇宙の中でたった一度の事象として「今、ここ」にある。だからこそ、かけがえのない人生を大切にしようという自覚も生まれる。

宇宙の全歴史の中で、一回だけ現れる「私」の意識という考え方は、自己意識に関する基本的なモデルであると同時に、私たちに命というもののかけがえのなさを教えてくれる。しかし、このモデルは正しいのだろうか。論理的な整合性があり、科学的エビデンスに支持されているのだろうか。

この「自己意識」に関する「セントラルドグマ」が正しいのかどうかは、この本の中で後にくわしく議論することにしたい。

意識と知性

自己意識のかけがえのなさに関する理論、モデルがどのようなものであれ、「意識」を持つことが「私」が「私」であることに深く関わることは間違いない。

人工知能が人間の知性に追いつき、やがて追い越し、そしてはるかに凌駕するようになった時、人間はもはや「知性」によって自らのアイデンティティを維持することはできなくなる。また、ディープフェイクなどの技術により、私の「個性」を構成する一つひとつの要素は偽造、複製が可能なものになるかもしれない。その時、人間の「自分が自分であること」を支えるのは、「意識」、とりわけ「自己意識」の存在ということになるだろう。

後にくわしく検討するように、知性と意識の関係は興味深い。意識、とりわけ、外界を感覚を通して把握している状態（アウェアネス、awareness）は、知性なしでも成立するように見える。意識を生物学的な現象としてとらえ、それが単細胞生物からずっと継続している一つの「生命原理」であると考える立場からは、知性が発達する前から意識は存在しているという結論になる。つまり、知性は意識の必要条件ではない。知性なしの意識は可能である。

もちろん、先に「常識」に関する議論で論じたように、環境の中で適応して生きるということ自体が、一つの「知性」の現れであり、「常識」は生きることの現場からしか生まれないという考え方もある。その意味では、「意識」は（例えば自然言語や数学的言語に支えられ、それを駆使するような）狭義の「知性」を必ずしも伴わないが、意識には、常識として現れるような生命のしなやかさ、頑健性が随伴するという可能性もある。

自己意識と人工知能

多くの研究者、論者が共通して認めているように、「意識」を科学的に解明することは難しい。「クオリア」(qualia) や「自己意識」に象徴される意識の謎を解明するためには、新しい、深淵な数学、ないしは思考の枠組みが必要なのではないかと考えられている。

人工知能の発展は目覚ましいが、この間、知性の本質に関わる本質的な新しい理論ができたわけではない。むしろ、その数学は、物理学の量子力学における数学の用いられ方に比べれば、深遠さを欠く複雑な「応用数学」という側面が強い。もし、人工知能の研究が今の路線でとどまるのならば、その先に意識のメカニズムの解明、さらには人工意識が実現する可能性は低いだろう。

1989年に著書『皇帝の新しい心』(The Emperor's New Mind) を出版して人工知能のアプローチには深刻な限界があると主張した数理物理学者ロジャー・ペンローズ (Roger Penrose) は、知性、とりわけ「理解」(understanding) の本質は意識にこそあると主張する。ペンローズの仮説が正しいならば、意識は知性の必要条件となり、意識なしに (真の) 知性は存在し得ないということになる。

人間の思考を考える上で本質的な言葉の「意味」(meaning) については、人工知能は直接は扱えない。これが、ペンローズの言う「理解」である。ペンローズの意見を的外れだと言う人もいれば、人工知能の本質的な限界を表していると考える論者もいる。

人工知能、人工意識と「システム」性

現在の人工知能の研究は、意識のメカニズムや、人工意識の方法論に必ずしも言及せずに進んでいる。その際に前提になっているのは、知性の研究は意識に関係なく行うことができるということである。

現在のコンピュータの理論的基礎となっている「チューリングマシン」（Turing machine）は、原理的にどんなことも計算できるという「万能性」（universality）を持っている。万能性を持ったチューリングマシンは、意識を持つもの（例えば人間）のどんなふるまいでも、再現、シミュレーションできる（はずである）。

ペンローズは、「意識」がなければ「理解」もなく、「理解」がなければ真の「知性」もないという考え方を表明している。しかし、万能チューリングマシンであれば、ペンローズの言う「理解」を持つ主体のふるまいを再現できるはずである。チューリングマシンは、すべて無機的な部分で構成されていて、その構成に意識は必要ない。すなわち、ペンローズが言う、意識に支えられた理解を持つシステムのふるまいを、意識のないチューリングマシンで実現できることになる。

知性と意識の関係を考えることは、結局、部分と全体、システムの本質を考えることにつながる。

意識は、どれくらい複雑なシステムから宿るのか、さまざまな考え方がある。もっとも簡単なシステムでは、例えば「サーモスタット」（thermostat）にも原始的な意識が宿ると考える人たちもいる。

すべての物質に、例えば電子や陽子にも、原始的な意識が宿るという「汎心論」

（panpsychism）の考え方も、それなりに有力である。

一方で、人間の脳のようなある程度複雑なシステムにしか意識は宿らないという考え方もある。システムが複雑になるにつれて、次第に意識が「創発」（emergence）するという説も人気がある。もっとも、「創発」はシステムの具体的な中身に言及しなければ、一種の神秘主義（mysticism）と変わらないという批判もある。

万能チューリングマシンは、それなりに複雑なシステム性を持つ。そして、一つひとつの部分には意識がないとしても、そのようなシステムを構成することで、意識が「創発」するのかもしれない。もっとも、その「創発」の具体的な中身は現時点で不明である。

いつの日か、人工的な機械も「意識」を持つに至るのだろうか？

私の「意識」を機械の中に「コピー」することはできるのだろうか？

このような問いは、科学や技術の将来を考える上で重要なだけではなく、「人間とは何か」という根源的な疑問と関係しており、本書の中心的なテーマとなる。

クオリア

意識の持つさまざまな属性のうち、「クオリア」（qualia）は、もっとも重要なものの一つである。クオリアは、例えば「赤」の「赤らしさ」を指す。あるいは、水の冷たさ、ヴァイオリンの音色、薔薇の香りなどがクオリアである。

クオリアは、議論することが難しい概念である。しばしば、意識についての意見のやりとりの中で、「クオリア」を定義することを求められることがある。どんな定義を与えたとしても、その問いを発した人が満足することは少ない。

なぜならば、クオリアは、それについての認知的な理解、すなわち「メタ認知」(metacognition)を持つ人にとっては、これ以上ないというくらいに「自明」なことだからだ。一方、クオリアについてのメタ認知をまだ持たない人は、それをいくら説明されてもわからない。

茂木健一郎による2013年の論文によって、クオリアの理解については、個人差が大きいことがわかっている。また、年齢を重ねるとともに、徐々にメタ認知が増大する傾向にあることもわかっている。

クオリアに関するメタ認知は、論理的に説明されたからといってわかるものではない。クオリアのメタ認知は、自分自身の意識のあり方についての洞察として、積み重なっていくものである。その積み重なりのあり方は人によって異なっていて、標準的な「学び」のカリキュラムがあるわけではない。

クオリアに加えて、自分が自分であることを意識する「自己意識」もまた、意識の持つきわめて重要な属性の一つである。

人間の脳は複雑であるとは言いながら、物質に過ぎない。その物質である脳のふるまいの中から、意識が生まれてくる。もちろん、脳は身体と結びついており、そのような「身体性」(embodiment)も脳の働きに影響を与える。しかし、意識を最終的に生み出すのは脳の中の神経活動であることはさまざまなエビデンスに照らして疑いようがない。したがって、身体性は脳の神経活動に影響を与えるというかたちで間接的に意識に影響を与えると考えられる。結果として生まれるクオリアや自己意識は、私たちが自分自身を理解しようとする時に、避けて通れない、鍵となる概念である。

人間は、なぜ人工知能を生み出すのだろうか?

その根底にあるのは、自分の「似姿」をつくろうとする本能である気がしてならない。

人間は、その知性を通して、「万物の霊長」たる地位を確立してきた。

そのような人間の知性の一つの究極の応用として、人工知能の研究、開発がある。人工知能の研究には、もちろん、実用的な意義も大きいが、それに加えて人間が自分自身の成り立ちを理解するという意義もある。

人工知能は、私たちの「鏡」なのだ。

その「鏡」の中には、果たして、「クオリア」に満ちた私たちの「意識」もまた、映っているのだろうか？
人工知能をつくることは、「人工意識」を生み出すことにつながっていくのだろうか。

第二章　知性とは何か

人工知能ブームは本物か？

各種報道からもわかるように、人工知能（artificial intelligence, AI）の研究は、現在、急速に進展しており、世間からの注目を集めている。脚光を浴びる中で、人工知能の研究に携わる人材も不足しているとされる。

人工知能は統計的な学習によって知性を獲得していく過程で、「ビッグデータ」（big data）を扱う。人工知能の研究者や、関連するデータサイエンスの研究者は高い給料で奪い合いになっていると言われる。アメリカでは、大学で学位をとったデータサイエンティストの初年俸が３０００万円を超えたという。

まさに、人工知能研究者は大人気で、引く手あまた。今日の人工知能の研究には、「死角」がないようにも見える。しかし、歴史的に振り返ると人工知能の研究は、過去に、何回も盛り上がり、そして壁にぶつかるということを繰り返してきた。壁にぶつかり、なかなか進展がない時代は、「人工知能の冬」（AI winter）と呼ばれていた。そのような時代には、研究費もなかなかつかず、関係者は苦労をした。

人工知能は、人間の「知性」を再現することを目指している。あるいは、それを凌駕することをそのロードマップの中に置いている。

その「知性」が、人間存在の本質であると考えられることから、私たちの希望と、そして不安が生じている。人工知能は、これから、人間の生活のありとあらゆる局面に入り込んでこようとするだろう。自動運転から、購買行動の解析を通してのレコメンデーション、企業の経営資源の最適化、人生の個人的なメンター、などなど。場合によっては、企業の経営者や政治家の役割を、人工知能が担うようになるかもしれない。

もうしばらく経つと、今、私たちがインターネットなしでは生活できないのと同じように、人工知能のアシストなしでは生活できないようになるかもしれない。人工知能「依存症」になる前に、その正体をよく見極めておく必要がある。

もう一度「人工知能の冬」が来たとしても、困るのは関連分野の研究者や、人工知能研究に投資した人たちだけである。一方、私たちの生活の隅々まで人工知能が浸透してしまってからでは、その致命的な欠陥を修正するには遅い。

人工知能は、文字通り「人工」(artificial)の「知能」(intelligence)である。英語のintelligenceに相当する日本語には、「知能」や「知性」があるが、この章ではより広い文脈の中で議論できる「知性」という言葉を中心的に使うことにしよう。

そもそも「知性」とは何か? 今、多くの研究者や技術者が「人工」的に再現し、加速させようとしている「知性」の本質はどこにあるのか?

「知性」の本質についての原理的な考察をすることなく、ただブームに乗って踊っているだけでは、また「人工知能の冬」が来ないとも限らない。それどころか、私たちの生活、実存自体が揺るがされ、脅かされかねない。

人工知能の熱狂に流される前に、私たちは、いくつかの基本的な事項を確認し、深く考えなければならない。

スピアマンのg因子

人間の知性の本質を探求した先駆的な研究者の一人が、イギリスの心理学者のチャールズ・スピアマン（Charles Spearman）であった。

スピアマンの抱いた疑問は、次のようなものだった。

果たして、人間の知性には、一般的な「基礎」のようなものはあるのだろうか？

例えば、小学校の時には、国語、算数、理科、社会といった「主要教科」がある（これらの教科を「主要」と呼ぶ価値観自体の是非、そのような学力観の前提については議論すべき点があるが、ここでは省略する）。私たちは、なんとはなしに、「頭のいい子」は、どんな教科も学んで習得する能力があるように思っている。一方で、学年が進むにつれて「文系」、「理系」といった区分が生まれて、「文系」の学問は得意だけれども「理系」は苦手だとか、あるいは

「理系」の学問は得意だけれども、「文系」は苦手だとか、そのような得意分野、不得意分野があるようにも思われる。

果たして、さまざまな能力に、「共通の因子」はあるのだろうか？　スピアマンはこの点に興味を持って研究をした。

私たちの周囲には、ある特定の分野は得意だけれども、他の分野は苦手であるというような人たちがいる。

例えば、２００８年にこの世界の物質を構成する基本的な素粒子であるクォークの「世代」を予言する理論をつくったことで、南部陽一郎、小林誠とともにノーベル物理学賞を受けた益川敏英は、英語が苦手であると公言している。私が対談した際にも、「名古屋大学の入試は、物理や数学は満点をとることはわかっていましたから、あらかじめ合格点を計算して、英語が0点でもだいじょうぶだと確信していて、その通り合格しました」と発言していた。

益川のような天才においては、しばしば能力の著しい偏りが見られる。そのような偏りが、もともと脳の神経回路網の遺伝的な特徴によるものなのか、それとも、興味を持った分野にのめり込んで、他の教科を顧みなくなるという選択的な注意の結果なのかはわからない。

益川のような際立った事例は、私たちの注意を引きつける。しかし、このような「事例的証拠」（anecdotal evidence）は、人間の多様性を理解する上では役に立っても、知性についての一般的な理論に導くとは言えない。

スピアマンは、さまざまな教科の能力についての多数のサンプルを集め、それを統計的に解析し、共通の基盤があるかどうか、因子分析（factor analysis）を行った。

その結果、さまざまな異なる教科の能力の間には実際に共通の因子があることが発見された。これを、スピアマンのg因子（Spearman's g factor）と呼ぶ。

すなわち、個人差はあるものの、人間という集団は全体として見れば、ある教科が得意な人は別の教科も得意であり、全体として思考能力や情報処理能力がすぐれている傾向にあることが示されたのである。日本語でしばしば用いられる表現で言えば、スピアマンのg因子が高い人は、いわゆる「地頭の良い」人だということになる。

スピアマンによるこのような解析は、さまざまな能力に共通の「一般知性」（general intelligence）があるという考え方につながっていった。また、そのような一般知性の高さを示す指標として、「知能指数」（Intelligence quotient、IQ）が喧伝されるきっかけともなった。

もっとも、IQは一つの指標であり、ある人の独創性や天才性を示すものではない。例えば、量子電磁気学の分野で偉大な業績を残した物理学者のリチャード・ファインマン（Richard Feynman）のＩＱは、一説には１２５程度で、それほど高くはなかったとも言われている。

ＩＱの定義とその限界

ＩＱの概念には、もう一つの限界がある。

それは、人間の集団のように、「正規分布」に近いかたちでその統計的な性質がとらえられる対象以外では、ＩＱの具体的な数値を計算することができないということだ。

もともと、ＩＱは、知性の「精神年齢」を「生物年齢」で割って、それに１００をかけることで定義された。例えば、５歳の子が８歳相当の知性を持っているとすると、８÷５×１００で、１６０のＩＱということにされたのである。

現代的なＩＱの定義では、テストの点数の平均値が「１００」とされ、そこから標準偏差一つ分スコアが上がる度にＩＱは「15」加えられることとなった。例えば、標準偏差二つ分高い点数だと、ＩＱは、１００＋15×２で、１３０となる。

このようなＩＱの計算は、人間のように互いに比較的近い知性を持った集団の中での差異や変化を扱うには適しているが、それを超えると扱いが難しくなってくる。

仮に、人工知能が「シンギュラリティ」を迎えて、人間を圧倒的に超える知性を持ったとする。その時のIQの目安として、例えば4000とか、40000などという数値を挙げたとしても、それは人間のIQとは意味合いが異なる。

IQは、お互いにそれほど変わらない人間の知性どうしを比較する場合にこそ、意味がある。例えば、IQが150の人と、100の人を比較した場合、150の人の方がテストされている能力が高いということは言える。しかし、そもそも人間とは比較にならないくらい質的に異なる知性が出現した場合には、それを測定する方法や、定量的に評価する方法は確立していない。

もともと、人間の「天才」を評価する時にIQの高さだけを持ち出すのは限界がある。歴史に残る天才、例えばシェークスピアやゲーテ、ニュートンやアインシュタインの知性の高さをIQで議論することはしばしばあるが、それは一つの悪あがきのようなものであって、本当は質的に断絶していることを私たちは直覚している。ただ、そのような天才の領域と、凡庸な人たちの領域をつなぐ共通の指標がないだけのことである。

将来、人工知能の知性が飛躍的に発展した場合にも、似たような問題が生じる可能性がある。人工知能の能力を定量的に測定し、評価する必要性はこれから増していくだろう。だから、IQのような、比較的均質な集団の中での差異を表す数値ではなく、もっと別の指標を今からモデル化、形式化しておかなければならない。もっとも、そのようなモデル化のためには、知性とはそもそも何なのかという問いについてのIQより深く、鋭い洞察が必要であろう。

多重知性理論

スピアマンのg因子の理論は、さまざまな知性の側面に、共通の要因があることを示す。

一般的な意味での「賢さ」というものは定義できる。このような知性観が、人工知能の一つの目標としての「汎用人工知能」(artificial general intelligence, AGI)という概念の元となっている。

後に見る、イギリスの数学者I・J・グッド(I. J. Good)の論文が元になった「シンギュラリティ」の概念も、基本的にはあらゆる問題に応用可能な一般知性(general intelligence)という考え方が元になっていると言ってよい。

これに対して、知性は多様な因子からなっていて、それぞれがある程度独立しているという考え方もある。

多重知性理論(multiple intelligences theory)の代表的な論者は、アメリカの発達心理学者のハワード・ガードナー（Howard Gardner）である。ガードナーは、1983年に出版された本（Frames of Mind: The Theory of Multiple Intelligences）の中で、人間の知性は異なる因子からなっており、例えば音楽―リズム的な知覚や、視覚―空間的、音声―言語的、論理―数学的、人間関係的といった異なる知性はある程度独立して成立していると主張した。

しかし、多重知性理論は、必ずしもスピアマンのg因子の理論と矛盾するものではない。ガードナーの言う「多重知性」は、実際には典型的な知性と、人格要素などの他の側面を混在させたものだと考えられている。また、さまざまな試験が、スピアマンが指摘したように異なる知的能力の間に高い統計的な相関があることを示しており、多重知性理論は結局、スピアマンのg因子や一般知性といった考え方を否定するものではない。

この他、1987年にイギリスの「メンサ」（知能指数が130以上、すなわち、全人口の上位2％の人が入会資格を持つ会）の会報に掲載されたキース・ビーズリーの文章が起源である「EQ」という概念に象徴される「感情的知性」（Emotional Intelligence）の概念もしばしば、知能指数（IQ）の意味を相対化し、広げるものとして言及される。

しかし、感情的知性は人と人との間のコミュニケーションや協調関係の重要性、他人に対する共感（empathy）の大切さを私たちに思い起こさせるという意味で一定の意義を持つものの、やはり、スピアマンの一般知性、g因子の重要性を超えるものではないと考えられる。

最近の研究によって、スピアマンのg因子は、脳の前頭葉を中心とする脳活動と相関があることが示されている。すなわち、一般知性とは、その時々で取り組んでいる課題に対して、脳内の計算資源を動員する、「集中力」と関係があると考えられる。スピアマンのg因子が、脳の知性の働きの一つの指標であることには変わりがない。もっとも、それに尽きるわけではもちろんない。

知性と集中力

スピアマンのg因子は、知性の高さを説明する現時点で最も確からしい理論である。そして、それは、脳の集中力と関係している。

集中力こそが、すぐれた知性の指標であることは、さまざまな研究上のエビデンスや、事例的証拠によって示されている。

将棋の藤井聡太は、数々の最年少記録を破っている天才棋士であるが、その長所として人並み外れた集中力が挙げられる。実際、藤井は将棋のことを考えていて溝に落ちてしまったことがあると聞く。

強度の集中力は、天才的な能力を持つ人に頻繁に見られる属性である。同じく将棋の羽生善治も、どこでも将棋のことを考えると頭の中に将棋盤が出てきてしまうので、危ないから車の運転はしないと言う。

古代ギリシャの哲学者タレス（Thales）は、星空を見上げて思索に夢中になる余り、井戸に落ちてしまったと伝えられている。ロジャー・ペンローズは、『皇帝の新しい心』の中で、集中するという経験について書き、数学の問題について深く集中して考えている時には、他の情報処理が排除されるため、突然話しかけられるとしばらくは返事ができないと証言している。

天才の集中力は、ときには悲劇的な結末をもたらすこともある。古代ギリシャの数学者アルキメデス（Archimedes）は、数学の問題について集中して考えていた余り、ローマの兵士の尋問に答えることをせずに殺害されてしまったと伝えられる。

集中力は、目の前の課題を解くという意味では適応的であるが、生物としての全体的な文脈を考えると必ずしも最適ではない。

ファインマンは、その自伝的エッセイ『ご冗談でしょう、ファインマンさん』（Surely you're joking, Mr. Feynman!）の中で、物理の重要な問題を考えている時に、下宿に女性が訪ねてきたという経験について書いている。彼女は大切な人だったが、「その瞬間」には、彼女よりも物理の問題の方が重要だったという。

その結果として、彼女には帰ってもらった。生物としては、本当は彼女に会った方がよかったかもしれない。しかし、ファインマンは物理の問題を考えることを選んだ。ひょっとしたら、それは、人生全体を考えれば、最適な選択ではなかったかもしれない。この部分の記述は、ファインマンが「物理オタク」であることを背景にした、ユーモラスな描写となっている。

集中は、文脈依存的である。高度な集中は高い知性の証しであるが、一方で生物としての柔軟性や適応度を下げる「偏り」でもある。

知性が高いということは、人間にとって、適応力の証しであるはずである。しかし、高い知性を支える集中力は、時に、不適応にもつながる。生物の生きる文脈は単一ではないからである。

人口の上位2％のＩＱ（１３０以上）を持つ人が集まる「メンサ」(Mensa) の会合には、必ずしも社会的に適応していない人たちも集まる。知能が高ければ成功しそうなものだが、むしろ、「失敗」してしまっている人も多いのである。

メンサに入会したきっかけが、人生がうまく行かず、人付き合いもなかなかできずに、そういえば、子どもの頃受けた知能テストの点数が高かったということを思い出して（最近の学校では知能テストを実施しない傾向にあるが、ある時期には行われていたようである）入会試験を受けたことだ、という人の話を複数聞いたことがある。

知能よりも、人格要素や人脈の方が成功と相関するという研究もある。アメリカの心理学者、アンジェラ・ダックワース（Angela Duckworth）は、成功に導く人格要素として「グリット」（Grit、やりぬく力）を研究している。グリットの高い人の方が、人生で成功する統計的に有意な傾向があるとされる。もっとも、何が「成功」なのかは必ずしも一概には決まらない。通常は学歴や職業、収入等で評価されるのだろうが、結局は「評価関数」依存的である。

人工知能と集中力

人間の知性においては「集中力」がその卓越性を保証する。一方で、何かの問題に集中することは、その問題を解くという意味においては適応的だが、より一般的な文脈で見ると必ずしも適応的ではない場合もある。とりわけ、例えば数学やプログラミングといった特定の分野における卓越と、対人コミュニケーションの能力は両立しないことも多い。

人生の大切な課題だけでなく、取るに足らないように思われることでも、人間という生命はバランスを必要とする。例えば、人間の脳は眠っている間にさまざまな生理的な調整、回復を行ったり、記憶の整理、感情のストレスの解放を図るため、ある程度の睡眠時間が必要である。食事もしなければならないし、トイレにも行かねばならない。適度の運動をしなければ、健康も保てない。

どんな大切なライフワーク、緊急を要する課題でも、人間はそれに一週間に7日間、24時間取り組むことは不可能である。実際、睡眠や入浴、食事、トイレなどの時間、さらには雑用を除いて、ほんとうに大切な、実質的な課題に取り組める時間は一日のうちそれほど多くないというのが多くの人の実感だろう。それは、私たちが身体を持つという生物学的属性から来るので避けられない。

しかし、人工知能には、そのような生物学的拘束条件がない。ずっと集中していることができるのである。食事をする必要も、トイレに行く欲求も、運動をする必然性もない。コンピュータの中のアルゴリズムは、ビッグデータを用いて、ずっと集中して解析、改良を続けることができる。

ディープマインド社の研究者が、チェスや将棋、囲碁を対象とした人工知能、「アルファゼロ」の最新版を金曜にインストールして、プログラムを走らせたとする。

研究者たちは、「ああ、これで週末だ」と伸びをして、オフィスを後にする。友人や恋人とパブでビールを飲み乾杯し、朝までクラブで踊る。土曜はゆっくりと起きて、午後から近くの公園を犬と一緒に散歩する。日曜の夕方くらいから、ああ、明日からまたオフィスに行って研究するのだと考え始める。

月曜日、オフィスに入った研究者たちは、「どれどれ、アルファゼロはどうなったかな」とチェックする。金曜の夕方にオフィスを出た後は、アルファゼロのことはすっかり忘れていた。生物としての多様性を反映したさまざまな活動で、すっかりリフレッシュして、また新たに研究に取り組もうという姿勢でいる。

人間たちは、この間、研究プロジェクトに関しては全くの「空白」だったが、人工知能であるアルファゼロはそうではない。囲碁やチェス、将棋のルールだけを教わった初期状態から、一刻も休むことなく、一秒間に何万もの対局を、自分自身と繰り返している。どの手が勝利に貢献するのか、評価関数を計算し、より高いスコアを得られる手を打つように、結合の強度をアップデートし続けている。

人間たちが、週末にリフレッシュしている間も、人工知能は余計なことをせずにずっと与えられた課題に取り組んでいる。人工知能が人間を凌駕する驚異的な能力を持つことができるのも、このような強度の集中の継続ゆえである。

人間でいえば「食事」や「トイレ」「雑談」「運動」といった気晴らしをしない、人工知能の尋常ならざる「集中力」にこそ、その「非凡さ」の起源がある。逆に見れば、それ以外に卓越の理由はないとも言える。

元はと言えば、人間の「非凡さ」もまた、生物としてのバランスを崩すことの中にこそあるのかもしれない。

もし、生命の本質がバランスの中にあるとするならば、人工知能の突破力は、バランスを顧慮しないことの中にある。その意味では、人工知能の尖り方は、その核心において「反生命的」である。

人間もまた、生命でありながら、その中に生命を超えた「反生命的」な、敢えて言えば機械的な側面があるということが、結果として「非凡さ」につながる。このことは、人間が人工知能を研究する時に、しばしば自分自身の「生命」性を否定する衝動を持ちがちなことと無縁ではないだろう。

深層学習における「概念」

一般に、「知能」と「生命」との関係は、複雑かつ微妙である。

生命の本質が、単一の文脈には回収されない有機的複雑さにあるとするならば、人工知能研究もまた、そのような豊饒さに徐々に接近していってはいる。

果たして、人工知能研究が生命そのものに接続できるかどうかは微妙であるとしても、人工的に構成される「知性」の中に、単純な機械的なアルゴリズムから始まって、次第に生命の多様性が再現されつつあることは事実である。

その一つの現れが、人工知能における「概念」のあり方である。

今日の人工知能研究の隆盛は、「深層学習」(deep learning)と呼ばれる手法の成功によってもたらされている。２０１２年頃に起こったとされる「深層学習革命」と呼ばれる研究の進歩によって、この変化が起こったのである。

深層学習においては、多数の層にわたって情報処理が行われる。情報が入力する層から先の層になるほど、次第に情報の抽象的な特徴が表現されるようになる。

深層部分で表現される情報の特徴は、「概念」(concept)とも呼ばれる。この表現は、必ずしも、人間が獲得して運用しているような「概念」と同じものが人工知能において獲得されているということを意味するのではない。それは、敢えて言えば一つの「メタファー」である。

人間の大脳新皮質は6層からなる。この6層の内部の計算に加えて、異なる皮質の領域の間の結合や、大脳新皮質以外の脳の部位からのインプット、さらには他の部位へのアウトプットがある。このため、脳の中の情報処理は、事実上、人工知能の深層学習モデルのような多数の層にわたって行われているものと考えられる。この点において、人工知能の深層学習は実際の脳を模倣したものである。

人間の獲得する概念の中には、表面的なものもあれば、深いものもある。例えば、「丸」、「三角」、「四角」といった図形的特徴は表面的な概念である。一方、「犬」や「猫」といった概念は、多くの細かい視覚的特徴に依存し、また社会的通念にも左右されるのでより深いレベルに形成される。

抽象的な概念は、さらに深い層で処理、生成される。例えば、「幸福」は、もっともとらえるのが難しい概念の一つである。しかし、人間は誰もが自分が幸福であるかどうか知っている。また、幸福であるためにはどのような条件が必要であるかということにも気づいている。

これらの概念は、脳の中の何十、あるいはそれ以上にわたる神経細胞の層を通って処理され、私たちの脳の中で生成されている。そのメカニズムの詳細は未だに明らかではないが、人工知能の深層学習が、これらの脳の機能を模倣、再現し、一部においては超越しているように見えることは興味深い。

いずれにせよ、学習が進む回路網の「深層」においてさまざまな「概念」が形成されるという点は、人間の脳の働きを思い起こさせるところがある。

人工知能の概念は、人間の概念を超えるか

深層学習においては、人工知能を形成するネットワークの中で、さまざまな「概念」形成が行われている。

興味深いのは、これらの概念の中には、人間の理解を超えるものがあるかもしれないということである。

人間がその思考で用いる概念は、自然言語の単語の数からも示唆されるように有限である。その有限の概念の組み合わせで、複雑で広大な世界に向き合っている。

アメリカの言語学者のエドワード・サピア（Edward Sapir）とベンジャミン・ウォーフ（Benjamin Whorf）が提唱したサピア＝ウォーフの仮説（Sapir-Whorf hypothesis）によれば、どのような言語を用いるかということが、抽象的な思考の内容をも決定する。例えば、色のカテゴリー化は、それぞれの言語による。しばしば例として挙げられるように、「雪」を表す基本的な「語根」（root word、他の言葉の組み合わせではなく、最小単位になっている言葉）は、ふだん雪の中で暮らし、そのさまざまな状態が生活する上で異なる意味を持つイヌイットの言語においては、数十もあることが示されている。

日常で用いられる言葉を哲学の道具として重視する「日常言語学派」（Ordinary language

philosophy）では、私たちが用いている言語は、私たちの思考において実際に重要な意味を持つ要素を反映していると主張する。（特に後期の）ルートヴィヒ・ヴィトゲンシュタイン（Ludwig Wittgenstein）や、ジョン・サール（John Searle）などがこの流れの代表的な論者である。

関連して、思考において重要な概念は日常で頻繁に使われる言葉になるはずだとするのが「言語仮説」（Lexical hypothesis）である。人格（personality）の研究においては、人柄を特徴づける重要な特性は、日常の中で使われている言葉に反映されるという考えにつながる。

私たちの使用する言語は、私たちの思考の内実を反映している。逆の見方をすれば、私たちの「言葉」のレパートリーに、私たちの限界があるとも言える。

日本在住のあるプレイボーイのイタリア人が、彼が声をかけて成功する女性の特徴は、「指輪を複数していること」だと言っているのを聞いたことがある。彼の分析によれば、指輪を二つ以上している女性は、自分の魅力に気づいて欲しいという潜在的な欲望を持っているというのである。だから、デートに誘うとイエスという確率が高いのだという。

人間の脳のこのようなパターン認識の能力は、人工知能によっても再現され、次第に凌駕されているところである。さまざまな人間の顔、身体の情報をインプットして、パターン分類すると、深層学習の深層にさまざまな「概念」ができる。その中に、「指輪を複数している」という概念もあるだろう。

しかし、イタリア人が到達した経験則は、人間の脳が複数の要素を同時に扱うことが苦手であるという限界によって制約されている。

もしかしたら、指輪の数だけでなく、髪型や、服装の色の組み合わせが大切なのかもしれない。さらに、その時の気温、季節、一日のうちの時間帯などのパラメータも影響するかもしれない。しかし、そのような多数のパラメータを組み合わせた「概念」を理解することは、人間の脳の能力を超えている。

だから、「指輪を複数している」といった比較的単純なパラメータの組み合わせで概念形成して、人間は満足してしまう。似たようなことは、「学歴の高い人」「○○県出身の人」「○○社に勤めている人」などといった、単純なパラメータによる分類、判断にもつながる。場合によっては偏見や差別にすりかわることもある。

人工知能の深層学習は、人間の脳の、このようなパラメータ数の限界に左右されない可能性がある。その結果、人間が理解できない複雑な概念が深層学習によって構成され、「発見」されてしまう可能性がある。

その時、人間にとって、人工知能の動作原理は理解不可能なものになる。「言葉」が人間の駆使する概念を支えるとするならば、人工知能由来の概念は人間の「言葉」を超えてしまうのである。

将来、人間には理解できない「概念」で動作する人工知能が出てくるかもしれない。それでは危険であるから、「説明可能な人工知能」(explainable AI, XAI)の研究も行われ始めている。すなわち、人工知能が自分の動作原理を人間にもわかるかたちで情報開示することを、人工知能の重要な性質としようという考え方である。人工知能をブラックボックス(black box)にしてしまうのではなくて、解釈可能なものにしようというのである。いかに解釈可能にできるかを問うのが、「解釈可能性問題」(interpretability problem)である。

人工知能と自然知能

概念形成のような視点から、人工知能と自然知能を比較する際に大切なのは、それぞれの「システム」を支える「構造」である。

ここで注意すべきことは、深層学習というアプローチは、人間の脳の情報処理のメカニズムを模倣するという意味では自然なものであるが、それがうまく機能するためには、深層学習という「モジュール」が、適切な「文脈」の中に埋め込まれなければならないということである。

例えば、「敵対的生成ネットワーク」（GANs）という手法は、学習、発展を起こさせるシステムの構造の設計が重要であることを示している。

敵対的生成ネットワークでは、パターン認識を行う「識別ネットワーク」（discriminator）に対して、わざと識別が難しいようなパターンを大量に発生させる「生成ネットワーク」（generator）を向き合わせて、両者を「対立」させることで、一種の共進化を起こす。

例えば、「犬」と「猫」を見分ける識別ネットワークに対して、生成ネットワークは、「犬」か「猫」か紛らわしい、「犬っぽい猫」だとか、「猫っぽい犬」などの刺激を出す。それで識別ネットワークが間違えるほど、生成ネットワークの得点になる。それに対して、識別ネットワークは、生成ネットワークが繰り出すさまざまな新しい刺激を正しく見分けるように学習を進める。

「敵対的生成ネットワーク」は、紛らわしい刺激を生成し続ける生成ネットワークと、それをなんとか識別しようとする識別ネットワークの間の「軍拡競争」のような構造になっている。

このアイデアがすぐれているのは、評価関数が与えられた時にそれを最適化するというネットワークが持っている性質を、対立構造を設定することで最大限に「暴走」させることができる点にある。これが、敵対的生成ネットワークの成功の秘密である。

結局、人工知能を支えるネットワークの学習規則そのものは単純であり、また単純であらざるを得ない。脳で言えば、神経細胞のネットワークの中で、個々の神経細胞が従う学習規則は単純なものであるしかない。

結局、複雑なふるまいが生じるきっかけは、「部品」となるネットワークがシステム全体の中で置かれる文脈の中にある。ローカルでは単純なダイナミクスも、置かれる文脈によって柔軟かつ爆発的に機能を創発する。敵対的生成ネットワークはその一例である。敵対的生成ネットワークの成功は、そこから先につながる人工知能の発展のロードマップを示唆すると考えられる。

人間の脳の中では、感情や注意、報酬構造、運動制御などの複雑で有機的なネットワークがさまざまな内部の文脈を生み出している。

例えば、報酬物質である「ドーパミン」(dopamine)は、それが前頭葉を中心に放出されることで、「強化学習」(reinforcement learning)を引き起こす。すなわち、ドーパミンが放出されるきっかけとなった神経活動を生み出したシナプス結合が強化される。どのようなかたちで、いつ、ドーパミンが放出されるか。そのダイナミクスを決める構造が、脳の成長、学習の方向を決めていく。

意識を生み出す上でも、それを導く構造は何なのかということが本質的だと考えられる。もし、人間の脳が意識を持つに至る成長、学習をうながす構造を人工的に再現できれば、人工意識の実現に一歩近づくことができるだろう。

これから重要になってくるのは、（限定された文脈の中であるとは言え）高度な能力を獲得するに至った深層学習に基づくアーキテクチャーが、現実の脳のアーキテクチャーと比較してどのような関係にあるかという視点であろう。

脳のアーキテクチャーは一つの「解」ではあるが、それが唯一の「解」であるとは限らない。どのようなアーキテクチャーがどのような成長、学習を生み出すかの一般原理を理解する必要がある。

単純な学習則が、意味深い構造に組み込まれることで、高度な概念、スキル、さらには意識までが創発する可能性がある。

正答率は頭打ちになる

人工知能の知性を人間や他の生物のそれと比較することは、今後ますます重要になると同時に、いくつかの重要な論点を提供する。

例えば、最適な「正答率」の問題である。ナイーヴに考えれば、正答率は１００％が望ましいように思われるが、実際には必ずしもそうではない。

生物では、ハチからチンパンジーまで、ある課題についてトレーニングを受けても、「正答率」は100％には至らず、80％程度にとどまることが多い。Y字形に分岐したトンネルでハチがトレーニングを受けて、ある視覚刺激パターンの方に行くと蜜があると学習しても、正答率は100％には至らずに、80％程度になる。

人工知能の研究の過程でも、似たような報告がなされている。正答率が85％、すなわち誤答率が15％程度が、人工知能の学習アルゴリズムにおいて「最適」であることが2019年の論文によって示されている。

ある課題がある時に、その正答率を敢えて「100％」にしないで、「80％程度」に抑えることの意味は、そうすることによって、予想外のこと、文脈から外れたことに対しても適応する余地を持つことができるからである。

例えば、Y字形に分岐したトンネルで、ある視覚刺激の方に行くと蜜があるという状況があったとしても、それはたまたまのことかもしれない。環境が変わったら、別の視覚刺激の方に蜜が現れるかもしれない。

もし、正答率を100％にしてしまうと、環境の変化に適応できなかったり、予期せぬ偶然の幸運に出会う「セレンディピティ」（Serendipity）を逃すことにつながってしまうかもしれない。
ある特定の文脈で100%の正答率を達成するシステムは、かえって「過剰適応」になって、柔軟に多様な状況に適応する「遊び」のようなものを持てなくなる。これは、生命活動全般に普遍的に成り立つ原理であるが、人工知能研究からも似たような結論が出てくるのが興味深い。

AI効果

人間にとって人工知能は次第に脅威に感じられるようになってきているが、私たち人間の人工知能の能力に対する認知には、まだまだバイアスがある。

人工知能が、ある特定の能力を発揮できるようになったとして、それだけでは意識を持つことはもちろん、知性そのものも持っていると認めることは難しいようだ。

AI効果(AI effect)と呼ばれる、人間の認知上のバイアスがある。すなわち、かつては人間に特有の認知、知性の現れと思われていたものが、人工知能がそれを実現したとたんに「これはそもそも知性ではない」と除外されてしまう傾向である。

例えば、コンピュータが迅速正確に計算ができるようになると、計算能力は、もはや知性の本質ではないという考えが出てくる。大量の情報を正確に記憶することも、知性の本質ではないというのが常識になる。これが、「ＡＩ効果」の典型例である。

視覚的なパターン認識は、かつては人間の脳固有の能力と思われていたが、今では機械によってそれができるのは当たり前だと考えられている。チェス、将棋、囲碁の能力も、もはや人間よりもコンピュータが強いのは当たり前だ。ディープマインド社がつくった人工知能、「アルファゼロ」は、チェス、将棋、囲碁において人間をはるかに凌駕する。このような時代には、ＡＩ効果により、視覚認識や、チェス、将棋、囲碁などの能力は、「それは知性の本質ではない」とみなされるようになるだろう。

私たちは、機械による知性が実現する度に、「いや、まだそれでは知性とは言えない」と、知性のゴールを移してしまうということを繰り返してきた。人工知能がある特定の成果を挙げたとしても、「まだまだそれではダメだ」とゴールを移してしまうのである。

この「ＡＩ効果」は、人工知能自身の機能の評価というよりは、むしろ、人工知能という存在に対する人間の認知の癖を表していると考えられる。また、「知性」そのものの本質にも関わる論点である。

そもそも、一般知性とは何か？

私たち人間にとっては、ある特定の分野や課題に特化したものではなく、一般的な事項について考えたり、推論したり、新しいことを発見したりすることができるものこそが本物の「知性」だという「期待」がある。

例えば、掛け算や割り算だけに特化した人工知能や、将棋やチェス、囲碁だけをできる人工知能、あるいは地球気候の変動だけをシミュレーションできる人工知能は、その特定の目的の遂行においてはすぐれているが、ただそれだけでは、私たち人間がイメージする「知性」とは異なる。

人間がイメージする知性は、もっと、「オープンエンド」(open-ended)なものである。

17世紀のオランダの哲学者バールーフ・デ・スピノザ(Baruch De Spinoza)は、その主著『エチカ』(Ethica)の中で、神の本質について論じた。スピノザは、神というものは「知性」とは無関係であるとした。なぜならば、知性は本質的に「有限」なものであり、「無限」を本性とする「神」の属性ではないからだ。

ここで、スピノザの論の前提になっていた思考の枠組みは、「知性」というものは、たとえ有限だとしても、できるだけフリーハンドで、多様なことに取り組むことができなければならないというものであった。知性は鋭いだけでなく、「広く」なくてはならない。

ある特定の計算ができたり、認知能力を持つだけではそれは「知性」とは言えない。

人間の知性はオープンエンドなものである。つまりは、学習の結果としての知性の成長には限りがない。その人間の限りなく成長する知性をも超えた「無限」を体現するのが、スピノザの言う「神」であった。だからこそ、スピノザは神は知性とは関係ないとした。

汎用人工知能の限界

たとえ、将来、汎用人工知能（artificial general intelligence, AGI）ができたとしても、ある特定の時刻においてそれが実行している計算は特定の何かであるはずである。

例えば、その人工知能が地球気候の変動のシミュレーションをしている間には、その人工知能は他の計算はできない。スケールをどんなに小さくしても無限の繰り返し構造を持つ、「フラクタル」図形の代表的な存在であるマンデルブロ集合（Mandelbrot set）の形態の計算や、タンパク質の一次元のアミノ酸配列から、その立体構造を予測する「折りたたみ」（folding）の計算もできるかもしれないが、ある一時には、一つの計算しかできない。

もちろん、人工知能の計算の資源を分割して、複数の計算を並列的に実行することは可能かもしれない。しかし、その場合でも、ある特定の時間を見れば、有限の計算しかできないことには変わりがない。

すなわち、「汎用人工知能」における「汎用」とは、十分な計算資源と時間を割り当てさえすれば、どのような計算をすることも可能であるという、「潜在性」ないしは「可能性」における「汎用」でしかない。有限の資源の上に実装されている限り、人工知能は同時に複数の、広範にわたる計算を実行することはできないのだ。

知性のオープンエンド性

知性がある一定時間にできることは限られている。

だからこそ、知性の本質は、顕在化した具体的計算能力よりも、むしろ、どのような環境にも適応できる変化の能力に見られる。脳の神経回路網で言えば、「可塑性」(plasticity)と呼ばれる性質である。

もともと、人間の知性は、新しいものを好む傾向、すなわち「ネオフィリア」(neophile)と深く結びついている。ネオフィリアが向かう先は、知の「無限」である。知性の本質として、無限との向き合いがある。

万有引力の法則を発見し、微積分学を定式化するなど多くの業績を残したアイザック・ニュートン(Isaac Newton)は、自分の探求の人生を振り返り、次のような有名な言葉を残している。

「私が世間から見るとどのように映るかはわからないが、自分自身からすると、私は浜辺で遊んで、なめらかな小石やきれいな貝殻を見つけて戯れる少年のようなものだったと思われる。その間ずっと、真理の大海は私の前に未発見のまま横たわっていたのだ」

I do not know what I may appear to the world; but to myself I seem to have been only like a boy playing on the sea-shore, and diverting myself in now and then finding a smoother pebble or a prettier shell than ordinary, whilst the great ocean of truth lay all undiscovered before me.

このニュートンの言葉は、人類にとっての「知性」というものの本質をよく表している。

ニュートン自身は、多くの偉大な発見をした人だった。そのニュートンにとっても、人類全体にとっても、すでに発見され、理解された「知」は、この世界に存在する「知」のごく一部分に過ぎなかった。「なめらかな小石」や「きれいな貝殻」と、「真理の大海」のスケールの対比は鮮烈で効果的である。

汎用人工知能をめぐる議論は、このような知のオープンエンド性を頭に入れて行われなければならない。顕在性よりも、潜在性の方がより重要なのである。

知性と志向性

問題は、人工知能に、「真理の大海」を想起する能力があるかということだ。

今、自分が知っていることではなく、その「外」の存在を認知し、予感すること。それは、意識の働きのうち、「志向性」(intentionality)の機能である。

志向性は、クオリアと並んで、意識の持つ重要な現象学的性質である。現時点では、志向性は人工知能には実装されていない。もちろん、私たちは原理的にそれが不可能だと断言することはできない。しかし、少なくとも、志向性が実装される前には、それは何なのかということが科学的、技術的にモデル化されなければならない。そのようなモデル化の試みは、人工知能研究ではまだ始まっていない。

現時点で明確に言えることは、人間は、自分たちの知性を終わりがないかたちで発展するオープンエンドなものとしてとらえているということである。

私たち人間の知性が終わりのない「オープンエンド」であるということは、もう一つのニュートンの有名な言葉にも表れている。

「もし私が遠くまで見ることができたとしたら、それは、巨人の肩に乗っていたからだ」

If I have seen further it is by standing on the shoulders of giants.

私たちは、先人が積み上げた知識という「巨人」の肩に乗っている。しかし、それでは人類は決して満足できない。ニュートンの言葉で重要なのは、「遠くまで見る」というフレーズである。

たとえ、すでに高い巨人の肩があったとしても、それで充足せずに、さらに「遠くまで見る」ことを志向する。

このような徹底的なオープンエンド性にこそ、人間の知性の本質はある。

そのような人間の精神的傾向が、先に述べた「ＡＩ効果」に表れているとも言える。すなわち、私たち人間は、それがどんな知性であるとしても、すでに実現されてしまった、固定された能力の集合に対しては、本来の知性が持っているはずのオープンエンド性がないと感じてしまうのである。

すでに確立した知性はもはや知性の本質から遠いという「ＡＩ効果」は、人工知能だけでなく、私たちの知性全般に実はあてはまる。

志向性に典型的に表れているように、意識には、今把握されているもの以外の「剰余」

を指し示すという傾向がある。

人工知能のカバーする範囲は、常に特定の「部分」である。それに対して、意識は包括的かつ潜在的なものを志向する。

人工知能が発展したとして、この溝が越えられることが果たしてあるのだろうか。

知性の多様性

そもそも、知性を高めていく道は、一つではないかもしれない。もちろん、知性を成り立たせる原理、メカニズムには普遍的な法則があったとしても、その法則の中でどのように知性を構築していくかという方法論は一つではない可能性がある。

空を飛ぶことを考えると、すべての飛行は、流体力学の法則に則っている。自然界を見ていると、さまざまな生物は巧みに飛ぶ。渡り鳥は驚くほど長い距離を飛ぶことができるし、蝶は華麗に花の間を舞う。トンボは、4枚の羽をつかって巧みに直進したり、ホバリングしたり、方向を変えたりする。

一方、人間のつくった空を飛ぶ機械は、例えばジェット機、ヘリコプター、あるいはドローンのようにそれぞれ異なる性能特性を持っている。

ここで、ジェット機とトンボを比較してみよう。航続距離やスピードを考えると、明らかにジェット機の方が優れている。一方、トンボは限られた空間の中で器用に飛び、その飛行の軌跡を臨機応変にコントロールすることに長けている。

トンボとジェット機を比べると、どちらが優れていると言えるのだろうか？

長い距離を速く飛ぶという意味においては、ジェット機が圧倒的に勝っている。一方で、飛行の柔軟性、支えるモードの多様性を考えると、トンボの方が優れている。

それが人工のものであれ、天然のものであれ、知性をめぐる議論は、このような多様性を反映したものでなければならない。

知性における人間中心主義

そもそも、知性のあり方を考える時に、人間型知性を前提にすることは妥当なのだろうか。

人工知能が今後人間に提供する知性は、人間型知性を前提にしたその延長線上にあるというよりは、むしろ、自然界にすでに存在する、昆虫や鳥、動物、植物、魚、クラゲ、ナマコなどの生きものの多様性のような知性の豊饒の宇宙の中にある可能性がある。

人工知能は、もしその可能性を十全に発揮するならば、人間型知性をはるかに凌《しの》ぎ、生命の本質に密接に結びつく真の知性を人工的に獲得しうる可能性を秘めている。

人工知能が人間の知性を超えるかどうかを議論する前に、私たちは、そもそも知性のとらえ方における人間中心主義から解放される必要があるようだ。

人工知能の研究のもたらす最大の福音の一つは、知性のあり方を、人間の持つ知性だけでなく、さまざまなかたちの知性にまで広げて、その可能性を広げることにあるとも言える。知性の可能世界の全体を見ることによって、その中での人間の立ち位置も明確化されるだろう。

知性を人間中心主義から解放することで、かえって人間の姿が見えてくる。これこそが、人間を映す「鏡」としての人工知能の潜在的な力を最大限に活かす道であろう。

第三章　意識とは何か

人工知能と人工意識

これまでに論じてきたように、今日の人工知能の研究は、「知性」そのものの研究と、意識の本質の理解、あるいは人工意識への工学的アプローチをとりあえず切り離して進められてきている。

知性の本質に意識は関係ないという考え方は作業仮説としてはもちろんあり得る。一方で、ロジャー・ペンローズのように、知性には意識が必要だと考える論者もいる。

意識を経由しなくても、客観的な視点から見れば、意識を伴う知性と限りなく近いふるまいを再現できる可能性はある。チューリングマシンの計算可能性の議論は、意識を直接参照しない。すなわち、意識を生み出す（と思われる）プロセスをモデルの中に入れなくても、議論が完結している。「無意識」であるチューリングマシンのふるまいは、意識のある主体に任意に近づけることができる（かもしれない）。

もちろん、意識を参照しないで、意識を持つ主体に限りなくふるまいを近づけることができたとしても、問題は残る。そのようにして、人間の「知性」と同等の、あるいはそれを上回る「知性」を再現できたとして、それは人間と「同等」とみなしてよいのだろうか？

意識が存在しない人工知能は、それがどんなに高度なものであるとしても、人間の似姿としては大いに不足がある。私たちは「ホモサピエンス」（知性を持つ人間）である以上に「ホモコンシャス」（意識を持つ人間）だからだ。

私たちは、自分たちという存在を理解しようという動機づけから、「鏡」としての人工知能をつくっているという側面がある。そのような視点からは、どんなに高度な知性を実現したとしても、もしそれが意識現象を伴わないのであれば、それは「不完全」なものと感じられるだろう。

人間存在の「鏡」としての人工知能は、人工意識を伴わなければならない。実際、人工意識についての議論、研究は進んでいて、それをつくるのは可能だと主張する研究者もいる。

人工意識に関する議論、研究は、大いにやったらいい。しかし、私たちはその前に、そもそも「意識」（consciousness）とは何か、ある程度の見通しを立てておかなければならない。

意識なしの「万物の理論」はありえない

かつて、「物理帝国主義」と言われた時代があった。すなわち、物理学がすべての学問の大元、最高峰であり、それ以外の学問は物理学の応用に過ぎないと考えられたのである。

現在では、自然科学の中でも諸学に分裂してしまっていて、ナイーヴな意味での物理帝国主義を信じている人は少ない。それでも、抽象的なレベルのイデオロギーとしては、物理帝国主義は決して消滅しているわけではない。

物理学がすべての基本であるという考え方は、「因果性」(causality) の概念と深く関係している。この宇宙の万物は、因果性によって時間発展しており、ある初期状態 (initial condition) が与えられれば、その後の状態はすべて計算できるとされるのである。因果性と深く結びついた概念が「力」である。宇宙の中の万物は、それぞれ力を受けて運動し、変化している。

現在のところ、宇宙の中には4つの力があると考えられている。すなわち、弱い相互作用 (weak interaction)、強い相互作用 (strong interaction)、電磁相互作用 (electromagnetism)、重力 (gravity) である。

これらの力の起源を統一的に説明できる法則を求めることは、物理学における究極の目的の一つである。そのような枠組みがもし仮にできたとした時に、そのような説明原理を「万物の理論」(Theory of everything) と呼ぶことがある。

アインシュタインが、特殊相対性理論、一般相対性理論を構築した後に目指していた「統一場理論」（unified field theory）は、このような「万物の理論」の一つの源流である。

万物の理論は、未だにできてはいない。しかし、もしできたとしても、それが本当の意味での「万物の理論」とは言えないかもしれない。

もともと、物理学的な文脈で議論されてきた「万物の理論」概念はおそらくはナイーヴである。そこには、「主観」（subjectivity）や「意識」の問題が入っていないからだ。

実際、意識は、時空の中で物質が因果的法則に従って発展していくという意味での物理学が想定していない存在である。意識がこの宇宙にあるということ自体が、物理学的世界観から見れば「異常項」（アノマリー、anomaly）なのだ。

しかし、意識は現実に存在する。意識などないという否定論者も、麻酔なしで外科手術を受けるかと聞かれたら、嫌だと答えるだろう。

麻酔、とりわけ患者の意識をなくして痛みを感じなくさせる全身麻酔は、外科手術を施すことを可能にして医学の近代化に貢献した。１８０４年、華岡青洲《はなおかせいしゅう》は自身が開発した「通仙散」を用いて世界で初めて全身麻酔手術に成功した。「通仙散」は、今日の分析で言えばアトロピン（atropine）やアコニチン（aconitine）といった有効成分を含んでいたものと考えられる。

麻酔薬は脳の部位としては、大脳皮質（cerebral cortex）や視床（thalamus）、脳幹（brain stem）の網様体（reticular formation）などに働くことがわかっている。また、分子レベルでは、γ－アミノ酪酸（gamma-aminobutyric acid, GABA）やグルタミン酸（glutamate）、セロトニン（serotonin）の受容体などに働くことが示唆されている。

しかし、麻酔、とりわけ意識そのものを消す全身麻酔の作用機序については未だに解明されていない。今のところ、麻酔薬の作用については、「このようにすると意識の状態をコントロールできる」という経験則しか知られていないと言ってよい。

「万物の理論」がいつかできるのかどうかはわからない。しかし、もしそれができるとしたら、必ず「意識」を含むものでなければならないだろう。意識なしの「万物の理論」は、「万物の理論」ではない。

意識とは何か？

そもそも、意識（consciousness）とは何か。

意識について議論をする際に、その「定義」をして欲しいというような要求を受けることがある。しかし、そのような問い、それに基づくやりとりは多くの場合、無益である。

「クオリア」（qualia）についても同様である。「クオリアとは、赤の赤らしさ、水の冷たさなど、私たちの意識的感覚を特徴づける質感である」と言えば、それに尽きている。それではわからないという人に言葉をあれこれ変えて言っても無駄である。無益な時間が流れるだけだ。

「意識の定義は何ですか?」という質問をする人は、経験上、自分では意識についてあまり関心がなく、考えたこともなく、単に通りすがりの興味からそのような問いを発していることが多い。

また、「意識の定義を述べよ」とか、「クオリアの定義を言え」などの質問をする人は、有意義なやり取りをするというよりは、どんな答えをしても、それではわからないなどと、要するに難癖をつけるタイプの人が多い。そのような人と議論しても、無益である。

意識の定義をあれこれと言っても有意義ではないもう一つの理由は、人によって意識についての「メタ認知」が異なることである。クオリアについても同様である。

誰でも、眠っている間は意識がなく、目が覚めると意識があることは知っている。また、死ぬということは意識が(おそらくは永遠に)無くなることなのだろうと了解している。私たちという存在にとって、意識は、あまりにも顕著で明白な事実であるにもかかわらず、その内実についてのメタ認知は、多様である。

実際、2013年の茂木健一郎の論文(第一章)でも、クオリアなど、意識の属性についてどのような直観、洞察を持っているかは人によって異なり、認知科学や科学全般について持っている知識や、その人の年齢と統計的に有意な相関を持つことがわかっている。

例えば、自分の経験が「クオリア」に満ちているという現象学的事実に気づいている人の割合は、年齢を重ねるに従って有意に上がっていく。また、面白いことに、コンピュータのOSで言えば、「ウィンドウズ」のユーザーよりも、「マッキントッシュ」のユーザーの方がクオリアに対する感受性が有意に高い。

意識のメタ認知の多様性

仏教は、その始原においては、特定の神による宇宙の創世神話があったり、死後の世界に対する明確なストーリーがあるわけでは必ずしもない。したがって、仏教は、現代的な文脈で言えば、「生命哲学」(philosophy of life)に近いといえる。

仏教においては、「悟り」の段階が52あるとされている。釈迦は最高位の52まで達したが、他の修行僧は、高位の僧でも、余り高いところまで行かないとされる。大乗仏教の祖ともされる龍樹は41段階まで行ったとされている。一方、ある高僧は自分はせいぜい10段階くらいであり、雑事にとらわれずにもっと修行すればさらに上に行けたのにと弟子に対して後悔を語っていたとされる。

このような「悟り」の段階は、意識の科学の文脈の中では「志向性」の階層性としてとらえることができる。ここに、「志向性」(intentionality)とは、心が何かに向けられている状態を指す。例えば、「私」が何かに注意を向けていたり、何らかの意味を理解したり、あるいは想像したりしている時にそこに「志向性」が立ち上がる。その際の「私」という主観性の成り立ちが、「意味」や「解釈」、「価値」を与えるのである。

志向性は、自分自身のあり方を振り返るという意味で、「メタ認知」(metacognition)の一つのあり方でもある。つまり、通常は自分以外のものに向けられる志向性が、自分自身に向けられることで、あたかも「外」から自分を観察、認識しているような、そんな状態が生じるのである。

もちろん、悟りの段階は、伝統的には宗教的文脈でとらえられるべきものであるが、そこから離れて、価値中立的な「メタ認知」の属性としてもアプローチできる。

私の意識は、どのような性質を持っているのか。そこで区別されるさまざまな要素とは何か。そのような「解釈」や「意味づけ」は、私たちの認知の性質として、あるいは、神経細胞のような「ネットワーク」に内在する属性として、積み重なっていく。その状況が、人によって違う。

メタ認知の多様性は、必ずしも、仏教思想におけるように、一次元で、「52段階」と整理できるものではないかもしれない。いずれにせよ、人によって違うことは確かである。だからこそ、意識についての考え、理論的モデルを話し合っても、話が通じないことがある。

論理の整合性や、客観的に合意できるエビデンス自体が脆弱なのではなく、そもそも、人間の意識というものに対する理解、メタ認知の内容が異なっている。いわば、思考の「身体性」とでも言うべき前提である。それは私秘的なものであり、公共性があまりない。だから、意識の定義をあれこれと議論することは、あまり生産的ではない。人によって、「意識」ということで意味することのメタ認知が異なっているからだ。意識の定義で合意を取ろうとすることは、異なる身体性を不用意に公共空間で結びつけようとする試みに似ている。身体性の相違は、論理では簡単には超えられないのだ。

意識のメタ認知は、議論によってだけではお互いに影響、改変しにくい。むしろ、日常の中で自分の経験の質について「外」からの目を向けることが大切である。「瞑想」を宗教的文脈から切り離せば、そこにはメタ認知の高度化のためのノウハウがたくさん詰まっているといえるだろう。意識研究者には、日々の「瞑想」によるメタ認知のアップデートが必要なのだ。

意識と表現

外界には、さまざまな事物がある。それらの事物が、意識の中でクオリアによって「表現」されて、認識されることで、私たちは多くの判断を行って、適切に行動する。

意識の機能はさまざまあるけれども、外界の表現を脳内現象として立ち上げることは、その中でも最も重要なことの一つである。そして、それらの表現の根幹にクオリアがある。

意識の成り立ちについての理論の多くは、この、「表現」を扱う。英語で言えば、「representation」である。

私がクオリアの問題について最初に書いた本は『脳とクオリア』（1997年）である。この本の第一章で、「私」が感じる世界は、実は「外」にあるのではなく、「私」の「脳」の中でつくりだされた「脳内現象」としてのイメージであるということの驚きについて、その衝撃を述べた。

例えば、私が犬を見ているとする。私は、ああ、犬の白い毛に太陽の光が当たってとてもきれいだなあとか、犬の吐く息が白く見えるから、今日は寒いんだなとか思うとする。ここで、私は、「犬」とか、「白い毛」とか、「白い息」などは、私の「外」にあらかじめあるものだと考えている。そして、そのような私の「外」にあるものを、私が認識していると考える。私の「外」にある事象から伝わってきた物理的刺激に基づく私の脳の中での情報処理の結果が、私の認識であると考えるわけである。

しかし、実際には、私が「外」にあると思っている「犬」、「白い毛」、「白い息」は、私の脳の中にあるニューロンの発火によって私の「中」に生じている表象に過ぎない。したがって、「犬」という描像は、実際には私の「外」にあるのではなくて、私の一部なのである。すべては、私の脳の中のニューロンの発火によって生じている現象なのである。私が認識していることは、すべては、私のニューロンの発火に過ぎないのだ。

たとえ私の外に「犬」がいて、「白い息」があったとしても、私の脳の中のニューロンが発火しなかったら、私はそのことを認識しないだろう。一方で、たとえ私の外に「犬」や「白い息」といった事象が実際には存在しなかったとしても、もし私の脳の中のニューロンが適切なパターンで発火したとしたら、私は「犬」や「白い息」を認識することだろう。つまり、私が認識することと、私の「外」にある事象とは、原理的には無関係なのである。たまたま、通常の状況下においては、私の認識が、外にある事象と対応することが期待されるというだけなのである。結論。認識は、あくまでも私の一部なのだ。

（茂木健一郎『脳とクオリア』第一章より）

例えば、目の前に机がある時に、それは客観的事物として最初から外にある机なのではなく（もちろん、外にある「机」という実体に対応するイメージが脳の中で立ち上がるからこそ、私たちはその上にコップを置くなど役に立つ行為をとることができるわけであるが）、あくまでも脳内でつくられた「表現」に過ぎないのである。

ときには、実際には外に机がないのに、あたかもそこに机があるかのような幻覚(illusion)が生じることもある。つまり、脳内表現としての「机」は、原理的には、外にある客観的事物としての「机」とは独立である。ただ、脳内表現と客観的事物が日常の典型的な場合には一致するからこそ、私たちの生存に役立つ機能を果たしているだけなのである。

議論は英語表現を基本としている

ところで、私を含めた研究者は、用語のレパートリーにおいては基本的に今の世界の標準的な学術言語である英語を念頭に置いている。だから、こうして日本語で文章を書いている時にも、常に背景には英語の概念がある。

例えば、「心」という日本語の言葉は独特のニュアンスがあるが、英語で言えば「mind」ということになるかと思う。日本語で「心」という言葉を用いて議論している時にも、どこかで「mind」という言葉をパラフレーズさせている。

従って、学術的な議論では、日本語を含めて、英語以外の言語の表現は第一義的な意味を持たない。これは、特に英語がすぐれた言語であるという意味ではなく、歴史的、社会的な経緯の末、英語が科学における共通語（lingua franca）として使われているという状況の結果に過ぎない。

ただし、面白い例外もある。英語では表現できない、他の言語でしか示せないニュアンスが重要な意味を持つことがある。とりわけ、意識研究において深い洞察を示してきた現象学（phenomenology）では、英語以外にドイツ語が重要である。

「表現」は、「現象学」の文脈では、「表象」という言葉で置き換えられることもある。この「表現」、ないし「表象」をめぐる言語の表現では、英語とドイツ語ではだいぶニュアンスが違っていて、そのことが、意識の本質を考える上で重要な意味を持つ。

そのことを次に考えよう。

表象とは何か？

「表象」に当たる言葉は英語では「representation」であり、すなわち、日本語で言えば「表現」の訳と同じである。一方、ドイツ語では「表象」は「Vorstellung」である。「representation」と「Vorstellung」。この二つの言葉の間には、ニュアンス上の重大な違いがある。

英語の「representation」の場合には、もともと何かがあって、それを「再び」（re）「表現する」（presentation）というニュアンスがある。また、英語における representation を用いた議論においても、そのような文脈が前提にされていることが通例である。

それに対して、ドイツ語の Vorstellung の場合には、「前に」（Vor）「置く」（Stellung）というニュアンスがあって、つまりは、何もないゼロから立ち上げて、あるイメージが自分の意識の前に現れるというニュアンスになるのである。Stellung は「場所」という意味の名詞であるが、「置く」という動詞、stellen と関連づいていて、「その場所に置かれた状態」というようなニュアンスになる。

ドイツ語圏はイマニュエル・カント（Immanuel Kant）から始まって、エトムント・フッサール（Edmund Husserl）、マルティン・ハイデッガー（Martin Heidegger）と、いわゆるドイツ観念論や現象学の潮流の中心であって、そこでの議論は、このようなゼロから立ち上げる根本的問いかけの契機をはらんでいることが多い。

意識についての議論を行う時に、私たちはどうしても、英語の「representation」の意味で問題を考えがちである。すなわち、外界に「もの」があることを前提にして、その「もの」を脳がどのように「再び」(re)「表現する」(presentation) かという視点から、意識を考える癖がついている。

例えば、心の中に「机」の表象があるとすると、それは、外にある「机」という「もの」を、「再び」(re)「表現する」(presentation) 結果だと考えるわけである。

しかし、本当は、私たちは、外界にどんな「もの」があるかを直接は知り得ない。カントの言う「もの自体」(Ding an sich) を私たちは知り得ない。もちろん、脳の中に、「もの自体」という概念に相当する表象 (志向的クオリア) はある。しかし、それもまた脳内現象として生起したものである。

意識は、表象を通して、「0」を「1」に変える。「0」を「1」に変えて「前に」(Vor)「置く」(Stellung) のである。「もともと外界にある「1」を、別の「1′」として「再び」(re)「表現する」(presentation) のではない。

心の中の「机」の表象は、外界にある「机」を「再び」(re)「表現する」(presentation)

結果として生まれているのではなく、「0」を「1」に変えて「前に」(Vor)「置く」(Stellung) 結果として生まれている。このような思考の枠組みの違いは大きい。

このように、ドイツ語の「表象」概念は、英語の「表象」概念よりも、より根源的な問いかけをはらんでいる。このあたりのアプローチの違いは、英語圏での「分析哲学」(analytic philosophy) が、数学や論理学との結びつきが強く、平易な日常的言語で複雑な事象に挑むのに対して、大陸系の哲学（ドイツ語圏の現象学、フランス語圏の現代思想）が、科学主義や数学によってすでに構造化された思考の範囲を超えて、より「何でもあり」の「底が抜けた」世界からの事象の立ち上げを志向することとも関連して、複雑でやっかいな問題を提起する。

現代の意識研究は、もちろん、科学主義に立脚していて、その意味では英米の分析哲学との相性がよいが、より根源的で「底が抜けた」世界からの立ち上げを目指す大陸系の哲学もまた必要とされている。

コンピュータの情報表現と脳の表象

コンピュータの中の情報表現については、私たちは意識の認識を通して外界にあるものを熟知しているから、それをコンピュータ内に「再び」(re)「表現する」(presentation) というモデルがぴったり来る。実際、コンピュータは、「再び」（re）「表現する」（presentation）というやり方で、ありとあらゆるものをシミュレーションしてきた。タンパク質の立体構造から、地球気候の変動、あるいはインターネット上に毎日書き込まれる膨大なテクストデータまで、さまざまなものがコンピュータ内に「表現」されている。

これらの「表現」は、外界に、それぞれタンパク質の立体構造、地球気候（それを表すパラメータとしての気温や気圧、降水量、日照）、テクストデータがあって、それらをコンピュータ内に「再び」（re）「表現する」（presentation）ことで成立している。その表現の形式、外界にある「実体」とコンピュータ内の「デジタルデータ」の対応関係を与えるのが、「コード」（code）である。

このように、デジタルコンピュータならば、外界にあるものを「再び」（re）「表現する」（presentation）という意味での「表現」（representation）という名前がふさわしい情報表現の形式が採用されている。

脳科学と深い関係を持つ認知科学（cognitive science）は、コンピュータ・サイエンスとの密接な関係性の下に発展してきている。認知神経科学（cognitive neuroscience）という分野もある。これらの分野においては、脳の機能の解析も、大枠においてコンピュータのデジタル情報の表現と同じ前提、枠組みで行われてきた。

脳の働きの一部を理解する上では、確かに、コンピュータのデジタル情報表現を解析するのと同じ手法が有効である。一方、脳の認知のメカニズム、とりわけ意識に関わる機能を理解する上では、この手法は必ずしも有効ではない。

その端的な理由は、脳の中の認知、とりわけ意識が関わる認知の本質は、外にあるものを「再び」(re)「表現する」(presentation) のではなく、「前に」(Vor)「置く」(Stellung) かたちで「ゼロ」から生み出す点にこそあるからである。

脳の中の情報「表現」という時に、外界の事象のレパートリーが最初にあって、ただ単にそれを脳内で再現するだけという理論の枠組みは、扱いやすいが、本来、「ゼロ」からすべてが脳内現象として立ち上がる意識の本質を扱うのに適したアプローチではない。

脳の中の情報「表現」を、コンピュータの中の情報のコーディングとして扱っている限りは、意識の本質に迫ることはできない。もっとも、そのことに自覚的ではない研究者は多い。

意識はなぜあるのだろうか

そもそも、意識は、なぜあるのだろうか。

さまざまな説明が可能だが、意識の本質であるクオリアには、脳というシステムの中で、ある情報の自己同一性（identity）を立ち上げ、それを保証するという役割がある。これは、ドイツ語の意味での「表象」的な考えと呼応するプロセスである。

例えば、視野の中に「赤」があったとする。その「赤」というクオリアが成立したメカニズムは、ある視野の位置から入ってくる光の波長を、その周囲の波長と比較する、いわゆる「色の恒常性」（color constancy）を満たすかたちで立ち上がっている。「赤」のクオリアを立ち上げるプロセスの背後には、複雑な計算論がある。しかし、一度「赤」というかたちでクオリアが生まれてしまえば、それは意識の中で一貫して「赤」として感じられ、扱われる。

このような視点から見ると、意識は、その「システム」の中で、ある認識の要素が、ユニークな同一性を持つというメカニズムの「立ち上げ」と、その「保証」に関わっていることがわかる。

一度、一つの「クオリア」が立ち上がってしまえば、あとは、それを前提に、いろいろな組み合わせで意識の中の表象をつくることができる。

実際、視野の中にさまざまな色のクオリアが分布している様子を想像してみると、その組み合わせは無限である。そのような無限の組み合わせが意識の中で自由自在に実現できるのも、一つひとつのクオリアの自己同一性が明確に立ち上がっているからである。

意識の中では、あるクオリアがあるクオリアであること、例えば赤のクオリアが赤のクオリアであることは、「直接性の原理」(immediacy principle)によって、「意識に直接与えられているもの」(les données immédiates de la conscience)である。ここに、「意識に直接与えられているもの」という表現は、フランスの哲学者アンリ・ベルクソン(Henri Bergson)の著書『意識に直接与えられたものについての試論』(Essai sur les données immédiates de la conscience、英訳 Time and Free Will、日本語訳は伝統的に『時間と自由』というタイトル)に由来する。たとえ、その背景に複雑な「計算」があったとしても、意識を持つ主体は、その詳細をいちいち参照する必要はない。「赤」のクオリアを生み出すために、背後にどれほど込み入ったプロセスがあっても、意識はそれに直接関知しないのである。

この文脈において、「直接性の原理」は、簡単に言えば、神経細胞の活動からどのような意識が立ち上がるかということは、さまざまな分析(特に統計的なそれ)を経由することなく、「自然現象」として、直接的に仲介項なく与えられなければならないという考え方である。

神経細胞の活動を統計的に分析することは、科学的営みとしてはもちろん有効で有意義である。しかし、多くの研究者は、同じようなプロセスが意識のメカニズムを与えると暗黙のうちに誤認している。これは、ドイツ語の「表象」(Vorstellung)と英語の「表象」(representation)の立場を混同するようなものである。ドイツ語の「表象」(Vorstellung)では、クオリアは自分の「前」に直接「置かれる」。一方英語の「表象」(representation)では、クオリアはもともとある実体を複雑な計算の結果として「再び」「表現」する。ドイツ語の表象の方が、意識の基本的成り立ちである直接性の原理との相性がよい。

神経細胞の活動の統計的分析は、たとえ、第三者の視点から神経活動を科学的に解き明かす上では有効だとしても、直接性の原理によって意識が生まれるプロセス自体ではない。そのような意識に直に結びつくような「身体性」が統計的分析にはない。ここには、意図的ないしは無意識のカテゴリーの混同がある。

もし、視野の中のある位置における「赤」のクオリアの背景に、複雑で多ステップの計算過程があったとしても、意識の中では、その履歴をいちいちたどる必要はない。「赤」のクオリアの同一性は、意識に直接与えられている。

このように、クオリアの機能は、意識を持つ主体の立場から見れば、その背後にある計算過程を特に参照することなく、意識を持つ主体にとっての認識の単位の「自己同一性」を直接に立ち上げるメカニズムだということになる。

これは、個々のクオリアだけでなく、そもそも主体性のメカニズムの根幹に関わる。

クオリアと志向性

クオリアと志向性は、それぞれ、意識の持つもっとも基本的な性質である。

クオリアが、外界の事物をさまざまな質感を通して表象するのに対して、志向性は、自分の意識が何ものかに向けられている状態を指す。

19世紀から20世紀初頭にかけてウィーンで活躍したフランツ・ブレンターノ（Franz Brentano）は、「志向性」こそが心の持つユニークな属性であると考えた。「私」が世界に向き合い、注意を向け、解釈し、意味を与える。そのような心の性質が「志向性」である。

「志向性」と「クオリア」は、少し違う意識の側面を表す。一方、二つの属性は、完全に独立しているわけではない。クオリアの中には、外界の事物を直接表現する「感覚的クオリア」（sensory qualia）と、志向性（intentionality）を内包した「志向的クオリア」（intentional qualia）がある。

例えば、薔薇という表象があった時に、それを構成する色や、ベルベットのようなテクスチャーといった属性は感覚的クオリアである。一方、それを「薔薇」と解釈する認識の仕組みは志向的クオリアである。

言葉の認識で言えば、例えば「こもれび」と発話した時の、「こ」「も」「れ」「び」という音の質感は感覚的クオリアである。それに対して、「こもれび」という言葉の意味を担っているのは「志向的クオリア」である。

私たちの認識のメカニズムは、感覚的クオリアによって外界の基本的な様子が表現されて、それに対して志向的クオリアでさまざまな「解釈」や「意味づけ」が行われていくというかたちで成立している。

感覚的クオリアを生み出しているのは、視覚で言えば、脳の後頭葉にある第一次視覚野に始まる「ボトムアップ」の一連の神経回路である。一方、志向的クオリアや、志向性一般を生み出しているのは、脳の前頭葉に始まり、視覚で言えば側頭連合野や頭頂葉にある高次野に始まる「トップダウン」の一連の神経回路である。

認識とは、「ボトムアップ」の感覚的クオリアと「トップダウン」の志向的クオリアがマッチングされるプロセスであると言ってよい。

志向性と意識の枠組み

一般に、花火の光と音が同じ場所で感じられるように、一つの空間の場所に視覚的クオリアと聴覚的クオリアが同時並列にマッチングされるということはあり得る。

ああ、花火が上がった、音がした、というような経験が、「時間」や「空間」という枠組みの中に統合されて起こるからこそ、私たちは世界をばらばらのジグソーパズルのように感じずに済むのである。統合された全体として受け止めることができる。

志向性は、志向的クオリアを通して視覚情報の認識や言葉の意味の立ち上げに関わるだけでなく、私たちの認識の基礎となる「時間」や「空間」の構造をもつくっている。

例えば、私は今、特急列車の中でこの文章を書いている。私の前にはテーブルがあり、その向こうには窓がある。窓の外には景色が広がっていて、文章を書いている手を時々休めて外を眺めると、なんだかほんわかする。

テーブルやその上のパソコン、窓の外の景色といった表象を構成する視覚的クオリアは、空間の中に意識されているけれども、これらの空間は最初から与えられているわけではない。つい、最初から空間があるのは当たり前なこと、トリビアルなことだと考えがちだけれども、本当は、脳の神経細胞の活動によってゼロから立ち上げられた脳内現象なのだ。

ブレンターノが、これこそが心の持つユニークな属性であり、意識の本質だと考えた志向性は「働き者」である。

志向性は、意識が世界を認識する際の枠組みである空間や時間をつくる。志向性は、私たちが何かに注意を向けている時の心のかたちをつくる。志向性は、薔薇を薔薇と認識する際の意味づけを与える。志向性は、自分自身にループすることで、「自己意識」（self-consciousness）の基本をつくる。

志向性は、このように、さまざまな働きをしている。だからこそ、ブレンターノは、志向性を心の持つユニークな属性であり、意識の本質だと考えたのである。

オーバーフローと統合された並列性

志向性が生み出す意識の空間や時間の構造の特徴は、「統合された並列性」（integrated parallelism）である。

しばしば、「並列」計算ということが言われる。さまざまな計算が、並列に行われることで迅速に進行し、効率よく実行できる。

脳もまた、並列に計算が進むシステムであるが、最大の特徴は、それが「私」という主観性の枠組みの中に統合されていることである。

「私」がある心理的瞬間において意識の中で受け止めている情報はたくさんあり、その中のほとんどを脳は記憶したり、明示的に認識することはできない。

ただ、その「ありさま」は把握しており、いわば「源泉かけ流し」のように、さまざまなクオリアは感じられては消えていってしまうのである。このような状態を「オーバーフロー」(overflow) という。

脳の中の志向性のネットワークがつくった意識の時間、空間の中には、時時刻刻とさまざまなクオリアが現れ、そして消えていく。

もし一人の人生を映画にたとえるのならば、人生という「映画」は、志向性のつくった時間、空間の中で、さまざまなクオリアを通して上映され、そしてその詳細のほとんどは記憶されずに消えていく。

このようなあり様こそが、まさに意識の「統合された並列性」である。「私」という主体が、さまざまなクオリアを同時並列的に「感じる」ことで、それらを把握する。また、それらのクオリアの「組み合わせ」を通して生じるさまざまな視覚的表象を心の中で思い浮かべることができる。

このような構造をとることで、意識は、脳の回路の一部分で表現されている情報を、広く脳全体にわたって共有することに成功している。

もちろん、この「共有」は、完全にできるわけではない。オーバーフローの中で感じられているクオリアを、「私」が見落としてしまうということはある。

そのような見落としの可能性があるとしても、視野の中にクオリアが並列し、それを「私」が感じるような構造になっていることで、意識は、脳内の情報を「私」という主体の枠組みの中で共有するメカニズムをつくっていると考えられる。

つまり、意識は、脳全体の情報処理を、「私」という枠組みの中で統合していくのである。

第四章　知性に意識は必要か

知性に意識は必要か？

知性に果たして、意識は必要なのだろうか？

これは、ホモサピエンス（Homo Sapiens）である私たち人間の自己規定、自己認識の根幹に関わる問題である。

私たちを映す「鏡」としての人工知能の本質にも関連する。また人工知能と人工意識の関係がここから発展していく。

私たち人間は、意識も、知性も持っている。人間の知性はときに脆弱だが、相対性理論を構築し、量子力学をつくり、月に人類を送るほどには高度なものである。

人間だけを見ると、意識と知性は協働して機能しているように思える。無意識の思考はあるものの、考える時の人間は意識を持っている。夜眠っている間に記憶が整理されて、朝目覚めた時に「ひらめき」のようなことが起こることはあるけれども、基本的に知性と意識は密接に関連しているように体感される。

しかし、これは、人間の場合にたまたまそうなっているということだけなのかもしれず、原理的に見て、知性と意識がそれほど密接に関連しているのかどうかはわからない。

知性は、意識にとって必要条件なのか、十分条件なのか、それとも必要十分条件なのか。

意識は、知性にとって必要条件なのか、十分条件なのか、それとも必要十分条件なのか。

意識のある領域と、知性のある領域は、ある場合には（人間のように）明らかにオーバーラップするけれども、お互いに無関係に成立していることもあるのだろうか。

知性と意識の関係を探ることは、私たちの探究の旅において、最も本質的なことである。

知性に意識は必要なのか。この問題をこれから検討していこう。

人間においては知性と意識は一体である

人工知能の研究がどれほど進んでも、それはある意味では「知性」を再現しているに過ぎないとも言える。

知性と意識は、イコールではない。そして、人間存在にとって、知性と意識のどちらがより本質的な意味を持つのかということについては疑義がある。人間はホモサピエンスであると同時に、ホモコンシャス（Homo Conscious）でもあるのだ。

アメリカの物理学者マックス・テグマーク（Max Tegmark）は、感じ、体験するという人間の特性に注目して、人間をホモセンチエンス（Homo Sentiens）、「感じる者」と呼ぶことを提唱している。

では、知性と意識はどのような関係にあるか。

ロジャー・ペンローズは、その著書『皇帝の新しい心』の中で、「知性」（intelligence）は「理解」（understanding）を要求し、「理解」は「覚醒」（awareness）を要求するという考えを述べている。

すなわち、ペンローズは、「知性」は意識の重要な側面である「覚醒」がなければ成立しないと考える。そこで仲立ちをしているのが「理解」である。

確かに、「理解」は、私たちの知性の重要な属性である。そして、理解は、あるクオリアを伴う。何事かを理解した時には、「ああ、わかった」という強い主観的体験が伴うのだ。

私自身の人生を振り返っても、例えば、こんなことがある。

大学院生になって、学会に行くようになってしばらくして、私は、大いに不満に感じるようになった。学会で出会う学者たちが、あまり個性が豊かでなく、「凡庸」に思えたのである。

一方、時折会う芸術関係の人たちは、一人ひとりが個性にあふれていて、素晴らしく感じられた。

科学関係者の「凡庸さ」と、芸術関係者の個性の輝き。そのコントラストの中で、科学をやるとは一体どのような行為なのかと迷うことがあった。

それが、ある時、はっとした。科学のデータや理論は、誰がやっても同じことになる「再現性」(reproducibility)がなければならない。

だから、研究者が非凡であるかどうか、個性的であるかということは、科学のデータや理論の価値と関係がない。

むしろ、誰がやっても同じような結果になり、同じ理論的帰結になるからこそ、科学には価値がある。その点が、アーティストの個性が重視されがちな芸術とは違う。はっきり言って、個性などどうでもいいのだ。

そして、作品の普遍性を考えると、芸術においてもアーティストの個性はむしろ付属的なもので、それが前面に出ることは場合によっては邪魔なことでしかないのだろう。個性をやたらと売りものにするアーティストは、怪しい。

そのような「気づき」が生まれた時、私は何かを「理解」(understanding)したような気がした。そのような到達点には、ある固有の「クオリア」があった。そして、落ち着いた気持ちで学会に参加し、議論することができるようになったのである。

理解するとは、言葉の意味がわかるとか、数式の示している内容が把握できるということだけではない。理解の「クオリア」は、人生のさまざまな局面で、いわば「腑に落ちる」という身体性を伴って、生きることとの実感を支えてくれる。

実際、私たちは何かを「理解」しているかどうかということを、自分が感じるクオリアで区別できるように思う。すなわち、私たちの脳の中で、ある事項がすっきりと整理されて収まっている時、私たちはそれを「理解」していると感じる。一方、問題の一部分しか見えていなかったり、ひっかかりがあると、それを「理解」しているとは感じない。

このような視点からは、「理解」は意識の本質である「メタ認知」の極致だということができる。すなわち、私たちは思考や推論におけるさまざまな情報処理を全体として見渡し、それらがある「質」によって「収まった」と感じる時に、「理解」できたというクオリアを持つのである。

脳の中の認知的なプロセスを総合的に判断、評価した結果生まれる一つのクオリアだという点においては、「理解」は後に論じる「自由意志」に似ている。

「理解」は、知性を支える意識の重要な働きの一環であると考えられる。実際、ペンローズの考えでは、「理解」(understanding)は、意識の重要な属性である「覚醒」(awareness)を要求するとされている。

もし、私たちの日常における直観が正しく、また、ペンローズの主張が正しいのならば、真の人工知能を実現するためには、人工意識を経由しなければならないということになる。なぜならば、知性は理解を必要とするのであり、理解は覚醒（すなわち意識）を必要とするのだから。

意識と知性の分裂

ペンローズの立てた、意識なしでは知性は存在しないというテーゼ。しかし、今、人工意識の研究とは無関係に人工知能の研究が進んでいくことで、ペンローズのテーゼは事実上、裏切られつつあるようにも見える。

実際、人工知能の前提条件として、人工意識が必要であると考えている研究者はむしろ少数派である。

人工知能は（それが最終的に正しい考え方であるかどうかは別として）、定義が不明確でミステリアスな「意識」という事象を抜きに実装できると考える研究者が多数であるように思われる。意識を明示的なかたちで扱わなくても、人工知能に対する現在の工学的アプローチを積み重ねていくと、そこに自然に意識が「創発」（emergence）すると考える研究者の方が多い。

果たして、現在の人工知能のアプローチを突き詰めていくと「意識」に至るのか。この問題については、次の章で議論することにする。

私たち人間の主観に即して考えれば、知性は確かに意識を必要としているように思われる。一方、知性というものを客観的にとらえれば、それは必ずしも「意識」を必要としないように見える。

例えば、質問に対する答えというかたちの「知性」であれば、それは、すなわち「インプット」と「アウトプット」の間の関数そのものとなる。そのような関数を実装する上で、「意識」が必要であるということはなさそうだ。

何よりも厄介なのは、意識など関係なく、純然たる機械的プロセスとして構築されているように見えるチューリングマシンが、原理上、どんな「計算」もできるという「万能性」(universality) を持っていることである。

チューリングマシンには、「意識」なるものを宿らせる余地はないように見える。その一方で、適切な実装を行えば、チューリングマシンを用いてどんな「計算」でも実現できるように思われる。すなわち、「知性」に要求されることはすべて満たすことができるように思われる。

このことは、「知性」を実現するためには、「意識」は必要ないということを意味するのだろうか？

もしそうであるとするならば、人工知能の研究と実装は、意識などという「ナンセンス」なものに一切言及せずに進めていくことができるということになる。

言葉と思考

私たちの知性にとって、「言語」（language）は最も重要な道具の一つである。意識と知性の関係を、言語を手がかりに考えていってみよう。

言語を思考にとって必須のものとみなす論者もある。そのような論者は、「言語」を持たない人間以外の動物の思考能力を低く見る傾向がある。

もちろん、言語に依存しない思考もある。その中には、「天才」のそれも含まれる。アルベルト・アインシュタインは、5歳になるまでほとんど言葉を発しなかったとされる。発話する場合には、まず、自分自身に言い聞かせるように小声で言ってから、他人に言葉を発していた。また、他人の言葉を聞くと、耳にしたことを自分の中で反芻するようにして理解するという傾向があったとされる。

このような行動は、「自閉症」（autism）のスペクトラムの特徴を持つ子どもに特有である。

アインシュタインの死後、その脳は密かに取り出され、後年、研究の材料とされた。そのような研究の一つによると、アインシュタインの言語関係の大脳皮質には非典型的な特徴が見られ、そのことが幼少期の言語の遅れと関係していた可能性があると指摘されている。また、それを補うように空間処理を行う頭頂葉などの回路が典型的な人たちよりも発達していることを示唆するデータがある。

すなわち、アインシュタインの脳は、言語に関する情報処理に困難があり、それを補うかのように、空間のイメージに関する回路が発達していたとも考えられるのである。

アインシュタインのケースは、一般に、「望ましい困難」（desirable difficulty）と呼ばれる認知科学的効果の一例であると考えられる。ここに、「望ましい困難」とは、脳の認知プロセスのどこかが阻害されたり、滞ったりすることによって、かえって学習や創造性などの促進が見られるという現象であり、１９９４年の論文でアメリカの心理学者ロバート・ビョーク（Robert Bjork）によって提案された。

脳は、一つのことを簡単にできすぎる場合にはかえって能力を十全に発揮できなくなるらしい。

知性にとって、言語は大切だが、言語ばかりに注目していると、知性の全体像をとらえきれないだけでなく、「天才」を含めた、知性の可能性のすべてをとらえることもできない。

そもそも、やがて「シンギュラリティ」を迎えるかもしれない人工知能が実装する「知性」が、「言語」に関連したそれに限られるとはとても思えない。

「言語」は、「知性」を支える膨大な脳の活動のごく一部分でしかない。それは、いわば、無意識を含めたたくさんの情報処理という「氷山」の、意識の閾値以上に突き出た「一角」に過ぎない。

それでも、ここで私たちが言語に注目するのは、言語が、知性と意識の間の微妙で不可思議な関係を象徴する存在だからである。すなわち、私たちは、ここで、言語と意識のつながりを分析することで、知性と意識の関係を、言語という「橋」を通して解析することを試みるのである。

言語と意識

そもそも、知性の重要な部分として言語があるとして、その言語は私たちの意識とどのような関係を持つのだろうか。

明白な事実として、私たちは「意識」がある時にだけ言語のやりとりをしている。発話は、ときに重大な意味を持つ。一つひとつの言葉は大切である。だからこそ、脳は意識の

「統合された並列性」のメカニズムの一環として、関連する情報をすべて把握しておこうとする。

どんな言葉を発するかで生死がわかれることもある。そのために、本書で後に検討する「自由意志」(free will)や「倫理判断」(ethical judgment)と関連したメカニズムとして、意識が言語に関連する情報処理をすべてモニターし、検討しているものと考えられる。

通常の言語コミュニケーションにおいては、「意識」があることがその前提になっている。すなわち、意識は、言語コミュニケーションの大切な要素になっていると観察される。これは、私たちの経験に照らしてもわかることである。私たちは、会話している時に、常にその言葉の意味が自分の中で「理解」されているかということをモニターしている。親しい友人と会話に夢中になり、一つひとつの言葉には注意を払っていないように感じられる時にも、実は意識は背後で全体の流れ、意味を把握してチェックしている。

その証拠に、もし、会話の中に意味がわからない言葉が出てきたり、会話の流れに「引っかかり」があったりすると、私たちの意識はそれをモニターして検出する。脳の中で、特異なことが起こった時に活動する前帯状皮質(anterior cingulate cortex, ACC)の活動など、意識に上る一連の認知プロセスが立ち上がる。

言葉のやりとりは意識がある時に行われるという一般原理の例外として、いわゆる「寝言」(somniloquy, sleep talking)がある。しかし、寝言は断片的であり、統合された意味をなさないことも多い。会話も、例外的な事例を除いて成立しない。また、話者自身が発話内容、あるいは発話した事実自体を覚えていないことも多いため、通常の言語コミュニケーションと同一視することはできない。

私たちの日常的経験に即して評価する限り、言語活動は意識を前提にしていると考えてよい。

もちろん、このことは、言語が、原理的にどんな場合でも意識を前提にするということを意味するわけではない。

実際、人工知能で言語コミュニケーションを再現しようという試みにおいても、「意識」は第一義的な役割を果たしていないと思われることも多い。

今日研究され、実装されている自然言語処理の人工知能の多くは、意識を直接的には扱わない。それでも、次第に人間の言語能力をかなりの程度再現するに至っている。スマートフォンや、スマートスピーカーに実装されている人工知能のふるまいは、人間の言語を不完全であれ処理できるようになってきている。

なぜ、私たちの経験に基づけば、言語活動には意識が必須であると感じられるのに、現行の人工知能の研究においては意識が参照されずにいるのだろうか?

ここには、主観的な立場と客観的な立場の乖離が深く関係している。すなわち、言葉を使っているという主観的な経験には、必然的に意識が伴うのであるが、言葉をやりとりしている様子を客観的な立場から見ると、そこには意識は必ずしも必要ないように見えるのである。

現状の人工知能研究は、言語のやりとりを客観的な立場から解析することで、主観に伴う意識の問題をとりあえず回避している。このやり方でどこまで行けるのか、その限界はまだ見えていない。

主観と客観

そもそも、主観と客観の関係は、どのように考えられるべきだろうか。

客観的に見て、二つの等価な行動が見られる場合、一方には主観的な体験が伴って、他方には主観的な体験が伴わないとしても、両者は同一だとみなされるべきだろうか？

例えば、将来、知性を持ったロボットができたとする。人間そっくりの外観を持ち、言葉をしゃべり、楽しければ笑い、悲しければ涙を流すとする。そのようなロボットは、人間と客観的には区別ができない。しかし、そのロボットが一切意識的体験、主観的体験を持たないとしたら、私たちはそのようなロボットをどのような存在だと考えればいいのだろうか？

この議論は、心の哲学において有名な「哲学的ゾンビ」(philosophical zombie) の論点へとつながっていく。

すなわち、「哲学的ゾンビ」とは、第三者の立場、客観的立場から見れば、意識を持っている存在と区別がつかないのであるが、そこには一切の主観性、意識体験が伴わない存在である。

そもそも、哲学的ゾンビのような存在が原理的に可能なのか、また、もし可能であるとしても、それは第三者から見分けがつくのか、心の哲学の領域で盛んに議論が行われている。

言語を例にとれば、会話をしている時に、一つひとつの言葉や、文章の意味を意識の中で「理解」している場合と、単に客観的に見てある言葉がやりとりされている場合では、意味合いが異なる。

「月がきれいですね」

「ほんとうに。こうやって見ていると、昔、家族でやった月見を思い出すなあ」

「あの時、ひろしは、月にうさぎがいると信じていましたね」

「すすきの穂がゆれて、気持ちのよい夕べだったなあ」

このような会話を交わしている時に、その会話の「意味」を意識の中で「理解」しているのと、単にそのような文字列がやりとりされているのとでは意味合いが異なる。

もし、一切の意味の理解なしに文字列がやりとりされているとしたら、それは、一種の「言語ゾンビ」だということができるだろう。

現在、人工知能に関連して行われている言語に関する多くの分析は、言語ゾンビであったとしても区別がつかないようなものである。実際、言葉が「文法」の視点から見て正しくやりとりされているかどうかということを問うだけだったら、人工知能は次第に「合格点」に近づいてきている。

問題は、そのような改善は、人工知能があくまでも言語ゾンビのままでも可能だということだろう。

言葉の意味と意識

言葉の「意味」は、言語コミュニケーションにおいて本質的である。そして、その「意味」は、一つの意識体験として立ち上がっている。

言葉の「意味」が「意識」の一部であるということは、ペンローズの言う「知性は理解を必要とし、理解は覚醒を必要とする」という一般的な命題の一部分であると考えられる。

意識の中では、言葉の「意味」はある志向性（intentionality）として知覚される。例えば、「こもれび」という言葉の「意味」は、意識の中では、「こもれび」という「文字」を構成する視覚の感覚的クオリア、ないしは「こもれび」という「音」を構成する聴覚の感覚的クオリアに、ある「志向性」がマッチングすることで成立している。この「志向性」こそが、「こもれび」という言葉の「意味」である。そして、志向性は、それが意識の中で体験される時、一つのクオリア（志向的クオリア）として感じられる。

逆に言えば、未知の言語は、聴覚や視覚における感覚的クオリアとしては経験されているけれども、その意味という「志向的クオリア」が立ち上がらないのである。

例えば、

ดวงจันทร์มีความสวยงาม

という「文字列」は、タイ語で「月がきれいですね」という意味である。しかし、（私のように）タイ語がわからない人にとっては、一連の文字が感覚的クオリアとして経験されるだけで、そこに（「意味」という）志向的クオリアが付随しない。

また、「ドアンツァンミクワンスィニャム」という音を聴いた時に、それがタイ語で「月がきれいですね」という意味だとわからない人には、ただ単に聴覚が感覚的クオリアとして体験されるだけである。

志向的クオリアが担う「意味」は、脳の記憶のメカニズムと深く結びついている。記憶が収納される部位である側頭連合野の神経活動が、志向的クオリアを生み出す一連の神経活動の一部分をなす。このことから、（意味を担う）「志向的クオリアが立ち上がる」ことが、その文字列ないしは音声が「記憶される」ことにつながる。意味のある言葉は記憶できるが、無意味な言葉は記憶しにくい。

フィールドワークを行うよく訓練された言語学者は、意味のわからない未知の言語を聴いて、それを（意味がわからないままに）記憶し、後に正確に再現する能力を持っているのだという。つまり、感覚的クオリアをそのありのまま記憶、再現できるのである。

いずれにせよ、言葉の「意味」は、「今、ここ」の意識の中で知覚されている。すなわち、それは、脳活動が、現時点では未知の何らかの自然法則によって直接意識体験を生むという「直接性の原理」（immediacy principle）によって生み出されている。「直接性の原理」の下では、言葉の「意味」は、科学的な研究の手段である統計的な解析などのプロセスを経ずに、直接、私たちの意識の中で生成される。

言葉の「意味」は、他の余計な分析なしに、直接の意識体験として与えられなければならない。言葉の意味は、わかるかわからないかである。丁寧に解析した結果、ようやく言葉の意味がわかるということはない。

昔読んだジョークで、何十ヵ国語も話せるという触れ込みの男が、話しかけられて、その言葉がわからず、悔し紛れに、「それが何語か教えてくれれば、言葉の意味がわかるんだけどなあ」と言う場面があった。

この男のような主張が成り立たないのは、言葉の意味が直接性の原理に基づく「志向的クオリア」として意識の中で与えられているからである。改まって解析して、ようやく言葉の意味がわかるのではない。そのようなプロセスを、私たちは「理解」とは呼ばない。

「語り得ぬもの」が存在する「言葉」の「意味」

言葉の意味が、志向的クオリアで表現されることの含意、とりわけ、それが人工知能の研究や実装において持つ意味については、慎重に検討しなければならない。

現状では、人工知能における自然言語処理は、言葉の意味を直接扱うことなく、巧みに回避して進められている。果たしてそのやり方でいつまでも進展していくことができるのか。

言葉の「意味」という問題など存在しないと冷笑的に切り捨てる研究者をも、頭の上から下がる「ダモクレスの剣」(Sword of Damocles)のように不気味に脅かすのが言葉の「意味」そのものである。

そもそも、自然言語処理に意味論など必要ないとうそぶくその話者は、自分の言っている言葉の意味がわからないままにしゃべっているとでも言うのだろうか。その研究者に必要なのは、自分の意識体験をありのままにメタ認知する誠実さなのではないか。

一体、言葉の意味は、どのように立ち上がるのだろうか?

言葉の「意味論」は、古来、もっとも困難な哲学的課題の一つとされてきた。ヴィトゲンシュタインが生前に唯一著した本、『論理哲学論考』(Tractatus Logico-Philosophicus)の最後の文章を借りれば、「語り得ぬものについては沈黙しなければならない」(原著のドイツ語では、Wovon man nicht sprechen kann, darüber muß man schweigen.)。言葉の意味は、典型的な「語り得ぬもの」として多くの研究者に認識されている。

そこにあるのは自己言及性(self-reference)のパラドックスである。言葉を用いて思考し、会話しているにもかかわらず、その肝心な言葉の意味という基本的な属性の基礎がわからないのである。

言葉の意味を支える「志向性」、それが意識の中で質感を持って感じられる「志向的クオリア」は、どのように立ち上がるのだろうか。

空間的志向性

第三章に見たように、志向的クオリアは、感覚的クオリアとして与えられた経験に対して、それを意味づけたり、評価したり、文脈づけたりする働きを持っている。私たちの認識は、一般に、感覚的クオリアと志向的クオリアの間のマッチングのプロセスと考えられる。例えば、「薔薇」を構成する感覚的クオリア（赤い感じだとか、ベルベットのようなテクスチャーなど）に対して、それが「薔薇」だという解釈を与えるのが志向的クオリアである。

「志向的クオリア」は、もともと、「私」の「心」が「何か」に向けられているという「志向性」の意識における表れである。そして、そのような志向性の基盤になっているのが、空間的志向性（spatial intentionality）、すなわち、空間のある点に対して注意を向けたり、心を向き合わせたりする働きである。

空間的志向性の典型的なものは、視野の中で、「あそこ」とか、「ここ」などと、注意を向ける働きである。橋の下を見るとか、木の梢の上を見るという時の意識の働きが、空間的志向性に当たる。

演劇の訓練では、前に並んだ何人かの人のうち、「この人に声を届かせる」というかたちで発声練習をすることがある。これも、空間的志向性の一つの事例である。

空間的志向性は、直接認識が及ばないところにも拡大することができる。

例えば、身体の内部には、私たちの視覚的認識は直接は及ばない。それでも、私たちは、「心臓のあたり」(しばしば、「心」のありかとして知覚される)、「お腹のあたり」(「腑に落ちる」というようなかたちで身体的知覚のたとえになる)というように、直接見ることができない身体の内部にも空間的志向性を拡張することができる。

背中の後ろ側の空間も私たちは見ることができない。それでも、あたかもそこにも連続的に空間的志向性が及ぶように知覚することができる。

オリックス時代のイチロー選手の試合開始前の練習を何度か見たことがある。ボールを高々と上げ、それを背中の後ろでキャッチしていた。あのような行為をする時のイチロー選手の意識の働きも、空間的志向性である。

直接視覚的に知覚できない領域にも空間的志向性を拡張した結果が、デカルト座標で記述されるような「空間」となる。

(x、y、z)という、3つの実数で記述されるデカルト空間は、数学的に抽象化された概念である。そのような空間は、私たちの意識の中では、さまざまな「空間的志向性」のかたまりから構成されていくのである。

シニフィアン、シニフィエ、志向的スタンス

このような空間的志向性が、何らかのかたちでより複雑で、抽象的な構造にまで拡張されたものが、言葉の「意味」であると考えられる。

そのプロセスは、まだ解明されていない。

座標空間のような、数学における一見抽象的な概念が、人間の「身体性」の知覚からいかに立ち上がるかを論じた本が、アメリカの言語学者のジョージ・レイコフ（George P. Lakoff）とラファエル・ヌーニェス（Rafael Núñez）による『数学の認知科学』（Where Mathematics Comes From: How the Embodied Mind Brings Mathematics into Being.）である。人間にとって、一見抽象的に見える意味の世界も、もともとは私たちの身体と密接に結びついた、なまなましい意識体験から生み出されている。

「月がきれいですね」という言葉を構成する視覚や聴覚の感覚的クオリアに、それぞれの言葉の「意味」を示す志向的クオリアが結びついて、初めて私たちは言葉の意味を理解する。

スイスの言語学者のフェルディナン・ド・ソシュール（Ferdinand de Saussure）は、「シニフィアン」（フランス語で signifiant、表すもの）と「シニフィエ」（フランス語で signifié、表されるもの）という概念を用いた。この概念に関連づければ、「月がきれいですね」という言葉を構成する感覚的クオリアが「シニフィアン」となり、それが意味するところが「シニフィエ」となる。

ここで、空間的志向性に関する一般的な性質を確認しておく必要がある。

例えば、「右前方のあのあたり」に対する空間的志向性を考えた場合、その志向性が指し示しているのは、「右前方のあのあたり」である（ここでは言語を用いてその空間内での位置を指し示しているが、実際には、意識の中で感じられるあるクオリアとしてそれは感じられている）。つまり、「指し示されているもの」は、その志向性の起点となっている「私」から離れたところにある。

一方、「右前方のあのあたり」という属性を与えているのは、その空間的志向性のいわば「元」の、「私」と一体化した部分である。すなわちその「元」の部分に、「右前方のあのあたり」という属性が宿っているのである。

このような、志向性の指し示すものの属性が、指し示される「先」にあるのではなく、指し示している「元」にあるという考え方を表しているのが、哲学者ダニエル・デネット

(Daniel Dennett）が用いている「志向的スタンス」（intentional stance）という概念である。

つまり、「右前方のあのあたり」という「指し示し」の属性は、あたかもその指し示された「先」にあるように感じられるけれども、実際にはその「指し示し」の構造をつくっているのは、指し示しの「元」となっている「私」の意識、すなわち、「今、ここ」にあるということである。そのような、「指し示し」の志向性の属性が「元」に宿るような構造を、「志向的スタンス」と呼ぶ。

このような性質は、空間的志向性について一般的に言える。例えば「向こうの山」と言ったり、「はるか彼方の銀河系」と言った時に、その「指し示し」の対象は空間的に遠いところにあるのだけれども、その「指し示し」自体を生み出しているものは、「元」の「私」の意識にあるのである。これが、「志向的スタンス」の性質である。

言葉の意味についても、同じようなことが言える。

例えば「こもれび」という言葉の意味を与える志向的クオリアが指し示すのは、抽象的な意味空間での、ある「対象」である。しかし、その意味空間での対象という属性は、あくまでも「こもれび」という言葉を構成する視覚的ないしは聴覚的な感覚的クオリアとマッチングした志向的クオリア自体、つまりはその「元」に存在しているのである。

ソシュールの言葉で言えば、「シニフィエ」の属性は、「シニフィアン」という「元」自体に宿っている。「シニフィアン」の「志向的スタンス」が、「シニフィエ」へと向かっているのである。

空間的志向性から、言葉の「意味」へ

言葉の「意味」が、空間の中の位置を示す場合には、言葉の「意味」と空間的志向性はほぼ一致する。

例えば「近く」「遠く」「右の方に」「左の方に」といった言葉の意味は、それぞれ、ある一定の範囲を持った（曖昧さを伴った）空間的志向性によって与えられている。「無限に遠い」といった言葉の意味も、空間的志向性によって記述できる。アメリカの絵本作家、モーリス・センダック（Maurice Sendak）の作品、『まどのそとの　そのまたむこう』（Outside Over There）のタイトルが表しているのも、一つの空間的志向性のニュアンスである。

しかし、このような、空間的志向性の積み重ね、ないしはその類推でカバーできる「意味」の範囲は、自然言語全体がカバーする範囲に比べて明らかに小さい。

空間的志向性は、言葉の意味を含む志向性全体を考える上で基本であるが、しかし、それだけでは限界がある。

もし、「意味」の空間を考えることができるとしたら、それは当然物理的な空間よりも次元が大きいだろう。また、その空間は、次元が大きいだけでなく、もっと複雑な構造をしているのかもしれない。そのような仮想の意味の空間の中で、言葉の「意味」は、それを指し示す志向性として定式化できるのだろうか。

どうやったら、比較的物理や数学の概念と接続しやすい空間的志向性から、「こもれび」や「月がきれいですね」といった言葉、あるいは「概念」、「自由」、「美しさ」といった抽象的な言葉の意味への拡張ができるのだろうか。

空間的志向性から、言葉の「意味」へ。この接続を行うためには、どこかに、命がけの「暗闇への飛躍」がなければならない。

ここで、一つの仮説が立ち上がってくる。

志向性は空間の中である場所を指し示すことを前提とする。

それならば、言葉の意味もまた、それが指し示されるような記憶の「空間」が用意されていれば、空間的な志向性の拡張として扱えるということになる。

果たして、言葉の意味は、物理的な空間を一般化した「意味」の空間によって定式化できるのだろうか？

脳内には、さまざまな「空間」の表現がある。例えば、「時間」もまた、一つの「空間」的次元の中で表現されている。脳の中に記憶の「空間」があることは、さまざまな間接的な証拠によって示唆される。

ある一時期だけ集中的にメディアで報道された著名人の顔の記憶を用いた実験では、その記憶が、脳の中で、時系列に（例えば1980年代、1990年代、2000年代、2010年代というように）整理されて収納されていることが示唆されている。数学的に、「時間」が一つの「数直線」で示されるように、脳の中では時間という軸が「空間」という軸に置き換えられて表現されている。

同じように、言葉の意味もまた、時間よりもさらに複雑な「空間」に置き換えられて、その「意味空間」の中での「志向性」として表現されているのだろうか？ そのような脳活動として生み出されるのが、言葉の「意味」という「志向的クオリア」なのだろうか。

もしこの仮説が正しければ、言葉の「意味」が志向性によって与えられる前提として、脳の中の「記憶」が、拡張されて一般化された「意味空間」の中に整理、収納されていることが必要となってくる。

人工知能は言語ゾンビでいいのか？

知性は意識を必要とするのだろうか。

この章では、思考に欠かせない（ように見える）言葉の「意味」の基礎を考えることで、知性と意識の関係を考えてきた。

言葉の「意味」は、私たちの意識的体験の中では一つの「志向的クオリア」として立ち上がっている。その背後にあるのは「理解」であり、またその前提としての「覚醒」である。

しかし、そのような主観的体験と無関係に、いわば言葉の意味を一切経由しないかたちで、人工知能による自然言語処理は進んでいる。

今や身近な存在となっているスマートスピーカーは、人間が話しかけるとそれなりの応答をする。ただし、いろいろと追及していくと、やがて「ボロ」が出てくる。

人工知能が、人間どうしで話しているのと区別がつかないくらい巧みに言葉をあやつれるのかどうかが、その「知性」を測る上での一つの指標になる。この点に注目して、アラン・チューリングは１９５０年に書かれた論文の中で「チューリング・テスト」（Turing test）を提案した。

スクリーンの向こうに人間がいるのと、人工知能がいるのとで、テクストのやり取りを通して会話した時に区別ができるかどうか。区別ができない時に人工知能は人間と同等の知性を持っていると認めようというのがチューリング・テストの趣旨である。

チューリングの原論文では、導入部分で、女性と、女性のふりをしている男性がいて、テクストのやりとりをした時に、どちらがどちらかわからないということがあるだろうかという問題が論じられている。人工知能が人間のふりをするという「チューリング・テスト」の構想が生まれる上で、同性愛者だったチューリングのジェンダーに関する葛藤がどのような影響を与えたかということは科学史的に、あるいは人間の創造性の源泉という意味で興味深い。チューリングにとって、同性愛を犯罪ととらえていた当時のイギリス社会で生きることが、結果として創造性においては「望ましい困難」として働いた側面があったのかもしれない。

「チューリング・テスト」という観点から見れば、現代の人工知能は完璧とは言えないものの、それなりの能力を示すに至っている。

しかし、そのように人間と言葉をやりとりしている人工知能は、言葉の意味を「理解」というかたちでは経験せずに会話を進めている（ように見える）。言い換えれば、人工知能は「言語ゾンビ」である。

果たして、人工知能は言語ゾンビのままでいいのか？　一見言葉を巧みに操りながら、その背後には一切の意識体験がなく、また言葉の意味の理解もなくていいのか？

難しいのは、ある主体が意識を持っているということを客観的な手続きで確認する方法が確立していない現在、主観性の質に直接言及するアプローチは、科学的、技術的アプローチとしてはいろいろな限界があるということである。

チューリング・テストは、人工知能の能力を、やりとりして観察できる客観的なふるまいに限定して評価することで、主観性をめぐる難しい問題を巧みに回避している。別の言い方をすれば、チューリング・テストは、対象が言語ゾンビであるか、それとも意識を持ち、言葉の理解ができる主体であるかということを区別しない。

そのような客観性に徹したテスト、基準だからこそ、心の哲学をめぐる難しい論点と関係なく、チューリング・テストは定式化、検証ができるのである。

ウィノグラード・スキーマ・チャレンジ

チューリング・テストには以上のような利点がある一方で、「会話した時に人間と区別できない」という基準に曖昧さや解釈の余地があることが批判として挙げられている。

人工知能がまだ原始的なレベルにあった1964年から1966年にかけてマサチューセッツ工科大学（MIT）の計算機科学の研究者、ジョセフ・ワイゼンバウム（Joseph Weizenbaum）によってつくられた精神分析医のカウンセリングを再現するソフトウェア、「イライザ」（ELIZA）は、実際にはいくつかの基本的なルールや繰り返しによって応答しているのにもかかわらず、その相手となった人間を感動させ、のめり込ませ、涙さえ流させた。

ゲームソフト開発会社ビバリウムの斎藤由多加によって開発され、1999年、セガのゲーム機ドリームキャスト向けに発売されたゲーム『シーマン〜禁断のペット〜』は、人面魚という設定で、人間の会話を認識して反応するプログラムが組まれていた。そして、実際には自然言語処理が失敗して、人間の発話を認識できなかった場合にも、背を向けて泳ぎ去るという演出で、あたかも本当は聞こえているのに無視しているという「解釈」を可能にした。

「イライザ」や「シーマン」の事例に見られるように、人間の脳は常に与えられた刺激を補い、想像し、拡大解釈する傾向がある。このような人間の属性から、チューリング・テストの結果が影響を受けて左右される可能性があるのである。

「チューリング・テスト」が知性の存在、不存在を検証する上では必ずしも適切ではないという立場からは、チューリング・テストの欠陥を補うものとして、例えば、「ウィノグラード・スキーマ・チャレンジ」（Winograd Schema Challenge）が提唱されている。

ウィノグラード・スキーマ・チャレンジは、（人間にとっては）一見他愛のないくらい簡単な、次のような文章の読解に関わっている。

例題1

「トロフィーは茶色のスーツケースには入らない。なぜならばそれが大きすぎるからだ」

大きすぎるものは何か？

答0：トロフィー

答1：スーツケース

例題2

「ジョーンは、スーザンに対して、彼女が与えてくれた助力すべてへの感謝を伝えることを忘れなかった」

助けを与えた人は誰か？

答0：ジョーン

答1：スーザン

例題1の答えは、もちろん「答0：トロフィー」であり、例題2の答えは「答1：スーザン」である。

普通に言語を理解できる人ならば、上の二つの問題に答えることは難しくない。しかし、人工知能にとっては、必ずしもやさしい問題ではない。

人工知能は、通常の人間のやり方とは、言語に対するアプローチが異なる。

人工知能は、一つひとつの言葉の「意味」を確定して、それを元に文章を組み立てるというアプローチを取らない。

人工知能の自然言語処理の方法は、例えばインターネット上に大量にある文章を解析して、それを統計的に分析、学習して、ある言葉が用いられる文脈や、語のつながりをパターン認識することに基づいている。

そのようなアプローチを通して、「クオリア」や「薔薇」といった一つひとつの言葉がどのようなかたちで現れるかという知識を獲得していく。

しかし、そのようなビッグデータのどこにも、例題1で言えば、「トロフィー」が「スーツケース」よりも大きいから入らないという「知識」は存在しない。なぜならば、スーツケースよりも大きいから入らないというのはインターネット上に大量にあるテクストの一般的な性質ではないからだ。例題2で言えば、誰が誰を助けてくれたのかということはこの文章の中でしか成立しない属性であり、ビッグデータのどこを見ても、例えば「スーザン」という名前は「親切」だから、他人を助ける傾向があるというような性質は読み取れないのだ。

実際、ビッグデータだけに頼る人工知能は、望ましくない学習をしてしまう欠点があることが知られている。例えば、アカデミー主演男優賞を今まで唯一3回受賞しているイギリスの俳優、ダニエル・デイ＝ルイス（Daniel Day-Lewis）という名前が出てくる映画評は「好意的」なものが多いという学習は、統計的な傾向ではあるものの、映画評そのものの「意味」を「理解」する上では役に立たない。どんな名優であっても、たまたま出演した映画の出来が悪くて酷評されることはあり得る。

「ウィノグラード・スキーマ・チャレンジ」が巧みなのは、ビッグデータには帰着できないような、文章のローカルで固有な「意味」の理解自体を問うからである。

私たち人間にとって、言葉の「意味」が「意識」の中である一つの「（志向的）クオリア」として立ち上がっていることは自明である。だからこそ、文学作品の何とも言えない味わいもある。

しかし、そのような意味の構造、その背景にある意識を捨象して、人工知能は今自然言語処理を進め、思考能力全体を獲得しようとしている（ように見える）。そして、そのような「意味」のないビッグデータの統計的学習の先に、人間の言語と同等の能力が「創発」

する と主張する人たちがいる。

果たして、「知性」に「意識」は必要ないのか。言葉の「意味」に直接言及しなくても、自然言語処理はできるのか？

私たち人間は、言語的には「言語ゾンビ」と等価なのだろうか。

この問題をさらに考えるためには、私たちの「意識」にとって、そもそも「知性」はどんな存在なのかという根本に立ち返って考えてみなければならない。

第五章　意識に知性は必要か

意識は知性から創発するのか

私たち人間は何といっても意識を持つ存在、ホモコンシャス（Homo Conscious）である。それは、主観的には、ホモサピエンス（Homo Sapiens）であること以上に私たち人間にとって大切な属性である。

人工知能というアプローチにとっては「知性」は重要な意味を持つが、生命現象全体から見れば知性の持っている意味は限定的なものでしかない。

私たちは、ときには、誰が賢いか、賢くないかということを気にするけれども、本音の部分では、そういうことはおそらくどうでもいいのではないかと思っている。とりわけ、人間としての価値にはあまり関係ないのではないかと考えている。そもそも、人工知能のシンギュラリティの可能性を前に、人間の変化の範囲内での賢さを競い合っても仕方がない。

創造性は、常に「チームワーク」の中にある。課題になるのは、チームの中の個性をいかに響き合わせるかということだ。

経験上、また、研究上のデータとしても、集団の中に、一人賢い人がいるよりも、一人安心する人がいた方がチームとしてのパフォーマンスは上がる。チームのメンバーの能力の平均よりも、チームリーダーの能力よりも、メンバーの社会的感受性（social sensitivity）、すなわち、お互いの気持ちを感知する能力の方がチームのパフォーマンスを上げる。知性の資源性は限定した意味しかなく、生命にとってはむしろインフラとしての「感情」が重要なのだ。人工知能全盛となるこれからは、ましてやそのような傾向が強まるだろう。

ハーバードのようなアイビーリーグの大学は、ある時期から、試験の点数のような「学力」だけではなく、さまざまな観点から多様性（diversity）のある学生の集団にすることを志向している。その方が、経験上、学生の学びやパフォーマンスの結果がよかったからである。

学習や仕事における成績や成果を離れてプライベートな文脈においても、友人や家族が賢いかどうかよりも、その人が「よい人」かどうかの方が多くの人にとっては大切である。

生きる上で大切な幸福は無意識、意識の双方の領域にまたがるが、そこでも問題になるのは知性よりもむしろ意識の中の体験の質である。少なくとも、「賢い」からと言って、「幸せ」になれるわけではない。

そもそも、「私が私である」という自己意識の成り立ちから見れば、「意識」の方が、

「知性」よりも明らかに本質的である。

ある意味では、私たちの「意識」は、「知性」以上に、私たちの存在を決定づける属性であると言ってもよい。

それでも、私たち人間は、学校で叩き込まれた価値観により、また長年の慣性によって、「ホモサピエンス」(Homo Sapiens)としての「知性」こそが私たちを特徴づける性質であるという呪縛からそう簡単には離れられない。さらに、知性の方が、意識よりも技術的に扱いやすいことからくる、資源の過投入の問題もある。

今日、人工知能の研究が人工意識の研究に比べて進んでいるのは、「知性」(intelligence)の方が、「意識」(consciousness)よりも定量化しやすく、また工学的にも実装しやすいからである(あるいは、正しいかどうかは別として、そのように私たちの多くが思い込んでいるからである)。少なくとも、「知性」の方が「意識」よりも重要であるとみなされているからではない。

意識は摑《つか》みどころがないから、とりあえずは、人工知能の研究から始める。そんな中で、人工知能の研究を進めていけば、その先に「意識」は「創発」するという考え方が根強い。「知性」は、「意識」の前提であり、「知性」が高まっていけば、そこに自然に「意識」が生まれてくると考える傾向があるのである。

果たして、意識は知性から創発するのだろうか。

創発概念の検討

「創発」（emergence）とは、もともとは単純な要素から成り立つシステムが、次第に有機的で高度な構成になっていった時に、どこかでそのシステムには備わっていなかった性質が生まれてくるという考え方である。システムの構成が複雑になっていくに従って、例えば、「生命」や「知性」、そして「意識」といった属性が「創発」すると多くの論者が考えている。

この世界に存在するものは、元をただせばすべて「素粒子」からできている。一つひとつの素粒子には、「生命」や「知性」、そして「意識」といった属性は宿らない（ように見える）。

この世界の成り立ちについてさまざまな考え方があるにせよ、やはり、単純な物質には「生命」、「知性」、「意識」といった属性は宿らず、システムが複雑になっていくに従ってどこかでこれらの属性が「創発」すると考えるのが、現実に起こっていることに近いように思われる。創発は、大言壮語のファンタジーというよりは、私たちの経験に照らしての「リアリズム」である。

実際、創発という概念は、この世界で実際に起こっていることの概略としては限界もあるものの、適切な出発点なのではないかと思われる。

私たちの直観に従えば、電子や陽子といった素粒子や、水のような物質には、「生命」や「知性」や「意識」は宿っていないように思われる。もちろん、これは、「人間中心主義」ないしは「生命中心主義」ということになるのかもしれない。ひょっとしたら、電子や陽子、あるいは水にも、私たちが想像できないようなかたちでの生命、知性、意識が宿っているのかもしれない。だが、そのような仮説は私たちの「保守的な」直観に反する。そして、「保守的な」直観には、私たちの生命の履歴と経験のさまざまが反映されている。

もし仮に、電子や陽子、水には生命、知性、意識が宿っていない一方で、植物や動物などの「生きもの」には「生命」が宿り、またそれらの「生きもの」の少なくとも一部分には知性や意識が宿っているのだとすれば、そのようにして単純さから複雑さへとシステムが変化していくプロセスのどこかで、本質的な変化が起こることは間違いないだろう。その本質的な変化のことを、多くの論者が、その中身については洞察がないままに、「創発」と呼んでいる。

もちろん、「創発」という概念に対しては、さまざまな批判が寄せられている。そのプロセスの詳細がよくわからないメカニズムを「ブラックボックス」にして記述する便利な言葉として、「創発」が乱用されているのではないかとする論者もいる。そのような批判には、もちろん、正当な意味があると言えるだろう。

いずれにせよ、現時点において、「人工知能」の研究と比較して、「人工意識」の研究にあまり資源が注がれていない根本的な理由の一つは、人工知能の構築を続けていけば、直接、明示的にそれを対象として取り組んでいなくても、いつかはそこに意識が「創発」するのではないかという期待があるからである。

もちろん、すべての物質に、素粒子まで含めて、原始的な意識が宿っているという「汎心論」(panpsychism)の立場もある。しかし、汎心論には固有の困難があり、問題を解決するというよりは先送りしているとしか言えない。

意識と知性の乖離

もし、知性を探究していけば意識に至るのであれば、意識そのものを研究対象にする必要はなく、知性だけを分析、構築の対象にしておけばよいはずである。とりわけ、人工知能の方が人工意識よりも技術的に扱いやすいという事情がある以上、前者の研究に没頭することは研究倫理的にも正しいということになる。

しかし、ほんとうに、意識に至る道は知性の研究から開かれるのだろうか。そもそも、意識に、知性は必要なのだろうか。

「ホモコンシャス」であることは、「ホモサピエンス」であることに本質的に依存しているのだろうか。

経験に照らすと、意識と知性は一枚岩ではなく、私たちはしばしば意識と知性の乖離を目撃している。意識があるからと言って知性が高いとは限らない。逆に、知性が意識を要求するとも思えない。そして、人工知能の研究は、あたかも意識はなくても知性は構築できるかのような前提の下に行われている。

意識を生み出すプロセスの第一原理が何なのかということについては議論がある。意識を宿すものの範囲についても、広くとらえる人の中には、電子や陽子にもあるという人から、サーモスタット（thermostat）にも原始的な意識が宿るという論者、さらにはインターネットにも意識があるとする人もいる。

意識はどの程度の生物から存在するのか。いろいろな考え方があるけれども、意識を持つものの範囲は、私たちが直感的に思っているよりも広いかもしれない。一方で、言語のような高次の認知機能がなければ真の意味での「意識」、例えばその中の重要な性質である「志向性」（intentionality）は持ち得ないとする論者もいる。アメリカの哲学者、ジョン・ホージランド（John Haugeland）はその一人だった。ホージランドは、「真正な志向性」（authentic intentionality）を持つためには、他の動物とは異なる形で発達した人間の言語を含めた高度な認知能力が必要だと考えた。

しかし、意識の本質を言語だけに結びつけるのは、人間中心主義的に過ぎるだろう。また、そもそも言語とは何かという解釈が、人間に寄りすぎている可能性もある。私たちは、意識に、もっと生命に寄り添った現象としてアプローチしなければならない。

生命現象としての意識の特性

意識は明らかに「生命現象」である。意識は、おそらくは生命に広範に付随する現象である。その意味で、意識の科学は生物科学の一部分でなければならない。もちろん、意識がいわゆる「生命現象」にだけ付随するのかどうかは未知ではある。

大切なのは、生命において普遍的に起こっている事象を、まずは定性的にとらえることであろう。

私たち人間が意識を持っている時の、「いきいき」(vivid)とした感じ、外界からの刺激に対して迅速に反応する様子は、生命現象にとっての「意識」の本質を表している。

このような「いきいき」とした感じという属性は、言語を持つ人間だけでなく、さまざまな生きものに見られる。水の中を泳ぐ魚は「いきいき」している。蝶が空中を縦横無尽に飛び回り、花を訪れたり、捕食者から逃れようと身を翻《ひるがえ》す様子は「いきいき」している。蛙はぼんやりしているように見えて、虫が近くを通るとぱくっと舌をのばして食べてしまう。その時蛙は「いきいき」している。単細胞生物もまた、環境からの情報に合わせて即座にしなやかに運動を変える性質を持っている。そうでなければ生きのびられない。

植物については、動物のようなリアルタイムの反応はハエトリグサ（Venus flytrap）のような一部の例外を除いてわかりにくい。しかし、それは時間スケールの問題でもある。「早回し」で再生できるタイムラプスのビデオを見れば、植物もまた、光や水、土壌、風、他の植生などの環境に合わせてしなやかに適応していることがわかる。早回しに見た植物は、やはり「いきいき」している。

人間どうしでお互いに観察していればわかるように、「いきいき」とした感じは、意識があって覚醒している時にのみ見られる。眠っていたり、意識を失ってしまっているような時には、「いきいき」した感じはもはやなくなる。

「いきいき」というのは曖昧な印象を表す言葉のように思えるが、実際には、反応の速度や深さ、迅速さ、柔軟性についての一定の評価の結果である。定量的な分析は、往々にして一つの文脈にとらわれてしまう。厳密であればあるほど、それはある特定の文脈を前提にしている。一方、「いきいき」という定性的な評価は、特定の文脈を超えている。「いきいき」は文脈を超えていく。

一般に、数学的な厳密さと、文脈の広さはトレードオフの関係にある。数学的な厳密さを求めると、文脈を超える力を失う。一方、曖昧さは数学的な厳密さには欠けるが文脈を超える自由さがある。これは、クオリアの持っている一般的な性質であり、「いきいき」はクオリアの一つである。「いきいき」という印象は、総合的なものである。曖昧なようでいて、そこには明確なクオリアがあるのだ。

本来、世の中には「曖昧」なものはない。一つひとつのクオリアは、数学とは異なるかたちで（あるいは、将来拡張されるであろう「数学」には含まれるかたちで）「厳密」（exact）に、ある一つのものを表現し、指し示している。

環境の中における生命の適応力、行動様式は「いきいき」とした印象を与える。「いきいき」のクオリアは、さまざまな異なる要素を総合したものである。「いきいき」は、現実の空間と時間の中で、特定の条件を満たした運動である。それは、生命そのものの本質と関わっている。

生命は、現実の時間、空間の中で身体を持った現象として生じる。この点が、人工知能の研究において「知性」のモデルとして現時点で前提にされている「計算」（computation）の概念とは異なる。

そもそも、計算は、抽象的な概念である。どれほど時間をかけても、空間的にどれほどの広がりを持っていても、それがお互いに「写像」（mapping）されることさえできれば、同じ「計算」だとみなされるというのが数学的な大前提だ。例えば「1センチ」立方の空間の中で「1秒」で行われる「計算」も、「1キロメートル」立方の空間を使って「1年」かけて行われる「計算」も、同じ「計算」である。そろばんの玉を弾いて行われても、コンピュータの中でのシリコン素子の状態変化として実行されても、あるいは脳の神経細胞の活動として行われても、お互いに「写像」さえされればそれらはすべて同じ「計算」となる。

一般に、何らかの「写像」によって同等だとみなされる計算は「同じ」計算である。すなわち、計算という概念には、生命にとって不可欠である時間や空間の概念が本質的には含まれてはいない。そこには、「いきいき」のクオリアが宿らない。

もちろん、計算の概念が抽象化され、普遍化されたからこそ、さまざまな応用が可能になった。「チューリングマシン」という計算のモデルが構築されたのは、抽象化のおかげである。世界で初めての電子式の汎用計算機ENIACを1945年につくったハンガリー出身のアメリカの数学者ジョン・フォン・ノイマン（John von Neumann）が考案したプログラム内蔵型のコンピュータ（「フォン・ノイマン型」のコンピュータ）がつくられたのも、抽象化の功績である。今日、「万能性」（universality）という概念の下、どのような計算もコンピュータで計算可能になったのは、計算の抽象化の果実であると言える。

抽象化されているからこそ、閉ざされた箱の中でのシリコン素子の動きが、地球の気候変動を表していたり、病原菌の人口内での拡散のシミュレーションとなったり、あるいは一人の人間の脳の神経細胞全体の再現であると「みなす」ことができるのだ。

プロローグの中でタケシが言及していた、人類初のプログラマーであるエイダ・ラブラス（Ada Lovelace）が、数と数の間の加減乗除のような典型的な「計算」だけでなく、絵を描いたり、音楽をつくったりというような用途にも用いることができるという豊かな発想を持つことができたのも、「計算」の概念を一度抽象化しているからである。

「知性」を「アルゴリズム」においてとらえ、「計算」できる「関数」の範囲を考えることで、「計算」概念の応用範囲を広げることができる。そのようなやり方が、今日のコンピュータ・サイエンスの隆盛をもたらした。

ジョン・フォン・ノイマンは、天才と言われた数学者だが、社交好きでもあり、よくパーティーで談笑していたが、ふと気づくといつの間にか隣の部屋に行って計算に没頭していたという。そのような抽象化への傾注力が、コンピュータ文明の隆盛を生み出したことは確かである。

しかし、そのような抽象化された「計算」概念には、現実の時間、空間という「基盤」

がない。現実の時空間の中で動くことで「生きる」ことを実現する生物としての「賢さ」がない。それに付随する「いきいき」としたクオリアがない。

人工的につくられた機械でも、それが、時空間の中でリアルタイムに動くということがあれば、見る者に「いきいき」とした印象を与える。さまざまな斬新なロボットをつくることで知られているボストン・ダイナミクス（Boston Dynamics）の「ビッグドッグ」（Big Dog）や「アトラス」（Atlas）といったロボットが人々に衝撃を与えるのは、それが見る者に「いきいき」とした印象を与えるからである。

抽象化された「計算」概念と比較することで、意識が本来持っている生命現象としての側面が際立ってくる。意識には、計算のような「自由さ」はない。どのようなプロセスも表現できるという「万能性」もない。意識を生み出しているプロセスは、脳の神経細胞の活動という物理的な過程に束縛され、着地している。身体性によって限定されながら、そこで躍動している。だからこそ、「いきいき」している。それを、ロボットが模倣し、実装しようとしている。

意識の中で生み出されているクオリアはこの世界の何でも表現できるような自由と普遍性を持っている。しかし、それは、現実の時間と空間の中でリアルタイムで生成されるしかない。

意識は不自由であると同時に、自由である。身体に縛られていると同時に、身体化の制約から離れているようなクオリアや志向性を持つ。この一見矛盾する状況の中に、意識の本質がある。

「いきいき」の解剖

「計算」という抽象化され、普遍化された概念から離れて、意識を支えている身体的プロセスに注目することで、意識が生命現象において果たしている意義もまた見えてくる。

そもそも、意識が進化の過程で果たしている意義は、それを持つことが生存をする上での「適応度」(fitness)を増すということに尽きる。進化生物学(evolutionary biology)、その中でも特に集団遺伝学(population genetics)における「適応度」は、繁殖の成功度、その生体の遺伝子の次の世代の遺伝子プールに対する平均的な寄与でとらえられる。ここでは、そのような狭義の「適応度」と相関を持つ、認知や行動の柔軟さ、適切さを「適応度」と呼んでいる。

たとえ、主観的にどのような経験が生じていたとしても、それが客観的に見た生存に寄与しないのでは意味がない。「武士は食わねど高楊枝」ということわざがあるが、生きる上で何も貢献しないのに、「意識」だけ持っていても仕方がない。

生存に貢献するためには、「意識」は「行動」に反映されなければならない。抽象化された「計算」では、このような生存への寄与ができない。

そのことは、例えば、コンピュータという「箱」の中で地球気候変動についての「計算」が延々と行われているところを想像してみればいい。その計算の結果、地球温暖化に対応するすばらしい方法が見つかったとしても、それはあくまでも抽象的なプログラムの「コーディング」の中での話であって、コンピュータという「箱」でそれが行われているだけでは、文字通り「手も足も出ない」。

生命にとって、意識が関与する認知、運動のプロセスが「役に立つ」ためには、それが現実の時空の中で「リアルタイム」に起こらなければならない。そうでなければ、意識は生命にとって役に立つ存在にはならない。意識は、リアルタイムで役立つ属性としてこそ進化してきた。

もちろん、人間の知性の著しい特色は、以上のようなリアルタイムの適応という「縛り」を離れて、さまざまな計算処理ができることにある。

一般に、数学では、特殊な問題もそれを一般化することでよりエレガントな解答が得られるとされる。数学的な真理に到達するためには、リアルタイムの縛りに束縛されていてはいけない。

一方で、生命現象は、抽象的、普遍的な数学的真理とは離れた、「今、ここ」で起こるできごとである。そこには、「コスト」の問題も絡んでくる。

意識を生み出すためには、それなりのシステムの複雑さが必要とされる。そのことは、意識の本質が解明されていない現時点でも、意識のさまざまな要素を生み出すためにいかに多くの神経細胞の活動が精妙に協働しなければならないのかを見ればわかる。

意識を生み出す上では、脳のさまざまな部位の活動が関わっている。だからこそ、意識は脳の広い範囲にわたる神経細胞の活動を「統合」することができる。

それだけ多くの「コスト」がかかる意識が、生存上何の適応的意義もないのに生体系によって維持されているはずがない。意識を持つことにそれなりの適応上の「メリット」があるからこそ、進化の過程で意識が獲得されたのである。

その適応上の「メリット」が十全に尽くされているということの一つの傍証が、「いきいき」という印象に表れている。私たちは、どの程度「いきいき」と動いているかという印象を通して、相手の生物としての適応度を見るのである。

相手がどれくらい「いきいき」と動いているかを見ることは、捕食者が餌になる動物をつかまえたり、餌にされそうな動物が捕食者から逃げたり、あるいは同種の動物と協力したりする際に役に立つ。

相手の意識レベルを把握することには、生物学的な意義がある。だからこそ、私たちの認知プロセスの中に、相手の意識レベルや、その環境に対する適応度を見分ける指標として、「いきいき」とした状態を知覚するという機能が進化、発達してきたものと考えられる。

意識レベルのありようを知覚することは、私たちが相手としている「エージェント」(agent)に対してどのような態度で、また戦略(strategy)で臨むのかということと深く関わる。

「いきいき」の知覚は、自分自身に対しても適用される。果たして、自分は環境に対して柔軟に対応できているのか、その際、どれくらい多くの要素を把握しているか。これらのメタ認知のレベルは、私たちが日常的に経験するところである。

日常的に、「元気?」「うん、元気」というやり取りが行われるのは、私たちがお互いの「いきいき」の(そして意識の覚醒レベルの)チェックを行うという習慣、及びその背後にある生物学的意味づけに基づくものである。

ここで論じている「いきいき」という意識の属性は、フランスの哲学者、アンリ・ベルクソンの言う「エラン・ヴィタール」(élan vital)と関連している。

ベルクソンは、その著書『創造的進化』(Creative Evolution)の中で、「エラン・ヴィタール」が、生命の機能、進化、そして意識の誕生において重要な役割を果たしたという考えを述べた。

ベルクソンの「エラン・ヴィタール」を、かつて存在した「生気論」のような文脈で解釈する必要はない。それでは、神秘主義になってしまう。

ここで議論している「いきいき」という言葉や、「エラン・ヴィタール」という概念は、あくまでも、現実の時空間の中で、注目しているシステムがある特定のふるまいをするという認識に関連してとらえられるべきである。

「いきいき」こそが、生命の本質であり、また意識の属性である。そのような視点から見ると、意識に通常の意味での「知性」が付随する必然性はないのかもしれない。少なくとも、現在のようなやり方で知性を再現する試みの先に、自然に意識が宿るというモデルには無理がありそうだ。

もっとも、客観的に見た知性的ふるまいを生み出す方法は複数ある。そのうちの一つがチューリングマシンである。チューリングマシンは、知性の基礎となる計算を実装するために構想、設計、製作されるのであって、意識を生み出すためにつくられたシステムではない。

チューリングマシンにおける「計算」は、実際の空間や時間の中での「いきいき」や

「エラン・ヴィタール」を実装するために行われるのではない。むしろ、数学的な「写像」を前提とした、抽象的な意味での「計算」を実現するために行われるのである。

ここに、「知性」を実現するという方向性と、「意識」を実現するという方向性がずれる根本的な原因がある。

生物は、よりよく生きようと努力し、進化する中で自然なプロセスとしてそこに意識を生成させることになった。意識は、生命現象のど真ん中に存在する現象である。「いきいき」とした印象は、生命体が、リアルタイムで、身体性を持って、環境に対して柔軟に適応する時に現れるある属性である。

「意識」は、「計算」よりも、「生きる」ということの方に近いのだ。その象徴となるのが「いきいき」という印象である。

意識は生命の「随伴現象」である

「意識」を持つということと、「知性」を持つことは一体ではない。とりわけ、「知性」の現代における標準的なモデルとなっている「計算」の概念は、「意識」と乖離している。

生物において「意識」を持つことは、「いきいき」とした認知行動プロセスとなって現れる。現実の時間、空間の中で実際に身体を用いて変化、運動することが、生命活動のしなやかさ、環境のさまざまな変化に対する適応力に結びつく。そこに「意識」が介在する。

意識に対するアプローチにはいろいろあるけれども、その中に、意識は、ある種のプロセスに「随伴」する「随伴現象」(epiphenomenon)だという考え方がある。

通常、意識が「随伴現象」だというのは、それが機能的には本質的な意味を持たないという趣旨で議論されることが多い。すなわち、意識は副次的な存在に過ぎず、脳の働きを考える上では正面からとらえる必要はないという考えの道筋に沿って「随伴現象」という呼称が用いられることがしばしばである。

意識の起源を問うという意味では、意識を「随伴現象」ととらえるのでは、その本質をとらえ損なうことにつながってしまう。一方で、意識が生命に必然的に伴うという意味では、意識は確かに生命の「随伴現象」であるということが言える。

意識が生命の「随伴現象」であるとすることは、通常の意味で「随伴現象」という言葉が用いられる文脈と異なり、意識をないがしろにすることにはつながらない。むしろ、意識が生命現象と深く結びついていることを明らかにする上で「随伴現象」というとらえ方は有意義だとも言える。

意識は「計算」の「随伴現象」ではない。ましてや、「知性」の「随伴現象」ではない。意識は、むしろ、「生命」の「随伴現象」である。このことは、意識が、生命のように現実の時間や空間の中でリアルタイムに展開するプロセスであることを意味する。

意識と無意識の役割分担と生命

意識は、「生命」の「随伴現象」であると言ってもよいくらい生命と近しい存在である。しかし、このことは、「意識」が「生きる」ということと等価であるということを必ずしも意味するのではない。

「意識」が「生きる」と同等でないことは、人間の認知プロセスにおける、「意識」(conscious)と「無意識」(unconscious)の役割分担を考えると見えてくる。

人間の脳の働きを観察していると、そのかなりの部分は無意識のうちに行われており、ごく一部分だけが意識に上っているということがわかる。

意識と無意識の分担は、基本的には次のようなものである。すなわち、繰り返し親しんで、習慣的になされることは無意識に行われる。一方、新規なことや、何をすべきなのか即座にはわかりにくいことは意識的に行われる。

繰り返し行われる行動は、最初は意識的に行われていたのが、次第に無意識に移行する。最初は戸惑っていろいろと意識せざるを得なかった行動が、繰り返され、習慣化するに従って無意識に行われるようになるのである。

例えば、知らない外国語を聴いて理解しようとしている時には、脳の広範囲の神経活動が見られる。それに対して、知っている外国語を聴いているときには、限られた範囲の神経細胞しか活動しない。

母語以外の言語を聞いている時に、その流暢な話者ならば、脳の活動領域が限局され、「絞り込まれて」いることがわかる。一方、その言語に不慣れな話者の場合、脳のより広い範囲に活動が見られる。スペイン語を母語とする話者に対して、英語を聞かせた場合の脳活動において、このような結論が得られている。私たちは、母語においては、脳を「省エネ」モードで活動させているのだ。

言語は人間の知性のもっとも典型的な表れである。チューリング・テストでは、言語の運用能力をもって、コンピュータが人間と同等の能力を持つかどうか判定しようとする。一般に、言語の習得、運用において意識がどのように関与しているかを見定めることは重要である。

言語の習得においては、脳の意識的活動が欠かせない。眠っている間に外国語の音声を聞く「睡眠学習」の効果は限られている。なぜならば、そこには意識が関与していないからだ。

もっとも、第二言語習得においては、「サイレントピリオド」(silent period)があることがわかっている。すなわち、例えば親の仕事の都合でアメリカに引っ越した日本人の子どもが現地の学校に入った場合のように、いきなり第二言語中心の環境に投げ込まれてしばらくの間(例えば6ヵ月間)は、表面上言語習得の進歩が少なく、その後突然劇的な進歩が見られる現象である。

このような事象をとらえると、あたかも意識の関与なく無意識の中での学習が進んでいるようにも見える。しかし、この場合でも、その大体の「方向づけ」は、意識によって行われている。意識が無意識のプロセスを文脈づけし、構造化し、方向を定めて初めて無意識における膨大な処理、学習が可能になる。

慣れ親しんだ行動、情報処理は無意識に移行する。このことを別の視点からとらえると、情報処理の局所性、大局性の問題となる。タスクに慣れないうちは、どのような脳内情報処理をすればいいのか、局所の文脈を超えて、脳全体にわたる試行錯誤、検討、学習の必要がある。その際に、意識的プロセスが関与する。なぜならば、意識は、脳のさまざまな部位の活動を統合する働きだからである。

実際、学習という視点から見た意識関与の意義の一つは、その大局性、超文脈性にある。白黒のパターンの中に意味のある図形が潜んでいる「隠れ図形」(hidden figure)に気づく過程（アハ体験、aha experience）では、脳の広い範囲にわたる神経細胞が同期して活動することが示されている（チリ出身でフランスで活躍した神経科学者、哲学者のフランシスコ・ヴァレラ（Francisco Varela）らによる１９９９年の論文）。また、アハ体験が起こった時には、意識がアクセスできるさまざまな感情が喚起され、それらがアハ体験における「一発学習」と関係していることがわかっている（石川哲朗、戸嶋真弓、茂木健一郎による２０１９年の二つの論文）。

アハ体験における「アハ」という経験自体は意識的なものであるが、そこに至る膨大な情報処理は無意識に行われる。無意識が準備し、意識が仕上げる。意識は無意識という膨大な「氷山」の情報処理の、水面上に頭を出した「一角」となる。

意識と無意識のプロセスは、総合的に関与しあって脳の情報処理、生命活動を支えている。このような視点から見ると、意識は生命活動のすべてではなく、むしろ、その膨大な活動の一部分でしかない。

この章で見てきた「いきいき」という印象を与える生命のふるまいから見ると、意識は、やはり、「いきいき」の中核にある。

生命を一匹の「魚」にたとえるならば、意識は、その魚が水の中でどちらの方向に泳ぐかを決めている。魚の身体の中ではさまざまなプロセスが進んでいるにせよ、最後に魚がどっちに動くかが「いきいき」とした印象を決める。

そのような意味での「意識」は、人間だけでなく、魚から鳥、アメーバからクラゲまで、時間、空間の中でリアルタイムに「いきいき」とした印象を与えて動くすべての生物に宿ると仮定してもよいだろう。

すなわち、意識の役割は、「知性」において、とりわけ、その「方向づけ」を与える点にあると思われる。

その意味では、意識は、「知性」における「自由意志」に関係していると考えられる。このような意味での「自由意志」は、現在研究されている人工知能には、確かに実装されていない。だからこそ、人工知能で実装されている「知性」は、「意識」からも、「生命」からも遠いという結果になっているものと思われる。

また、人工知能の「オラクル」、「ジーニー」、「ソヴァリン」という3つの段階の中でも、次第に自律性が高くなる「ジーニー」や「ソヴァリン」の実現のためには、人工知能で実装される「知性」は、抽象的な写像やアルゴリズムで定式化されている現在の「人工知能」では足りず、より現実の時空間の中でリアルタイムに変化するものでなければならないと考えられる。

「知性」と「直観」

抽象的なアルゴリズムとしての「知性」と、人間を始めとする生命が生きる現場での「知性」の違いは、通常は「直観」と呼ばれるような意識の働きの中に表れている。

２０１８年９月17日にイギリス、ロンドンのロスチャイルド・ファンデーション（Rothschild Foundation）で行われた講演で、ディープマインド社で人工知能研究を率いるデミス・ハサビス（Demis Hassabis）は、チェスと囲碁のプロの違いについて議論した。その中で、チェスはなぜその手を選択したのか具体的な戦略で説明できるのに対して、囲碁は、「なんとなくそんな気がした」という「直観」で説明されることが多いと指摘している。

ハサビスはチェスと囲碁の潜在的な選択肢の数の違いが、このような主観的戦略の差異につながると分析する。すなわち、潜在的な選択肢が多いほど、主観的な意識としては「直観」で選ぶというかたちに近づいていくのだと言うのである。

チェスと比較して、囲碁は、意識が「知性」の本質的プロセスに関与している度合いがより高いように思われる。なぜならば、囲碁の方が、チェスと比べてはるかに取り得る選択肢が多いからだ。

「直観」は、意識の中で、「こっちじゃないか」というようなクオリアとして把握されている。クオリアは、選択肢の多い状況下で、一つの方向を志向する際の脳の働きの表れである。

クオリアは、知性の方向を示す。意識の中のクオリアが直観を担っている。

発話と意識

私たち人間のふるまいのうちで、言語の発話ほど選択肢が多く、分岐がたくさんある行動はない。

例えば、「吾輩は……」に続く文章は、「猫である」かもしれないし、「社長である」かもしれない。続く文章も、「名前はまだない」であるかもしれないし、「だから偉い」かもしれない。可能性は尽きることがない。

このように単語の並べ方に無限の分岐があるのが言葉というものである。だからこそ、宇宙の森羅万象を表現できる。この本のように、「クオリア」や「人工意識」といった、人類の歴史の中でまだあまり扱われていない内容を議論することもできる。

言葉は、単に情報を伝搬する手段ではない。言葉は、人間の生き方そのものに関わる。人間の発話行為には、ときに人生を左右するような深刻な意義がある。だからこそ、私たちの発話行為は意識の厳密なコントロールのもとに置かれている。

将来の運命を決めるような真剣な話し合いや、就職の面接、法廷において宣誓のもとに行われる証言のようなケースにおいては、一つひとつの言葉が人生の運命を、ときには生死をも左右する。

私たちの発話は全人格を反映していると考えられるからこそ、コミュニケーションにおいて言葉を交わすことの意義がある。そして、そのような言葉への人格の反映は、意識のコントロールがあってこそ可能になる。無意識に垂れ流される言葉には、重い意味はない。

「寝言」においては、私たちの発話は意識によって制御されていない。だからこそ、私たちは寝言については責任を問われない。もちろん、寝言こそが無意識の発露だという考え方もあるが、たいていの場合それはランダムで意味をなさない。

日常会話における「雑談」(small talk) は、半ば意識的にコントロールされ、半ば無意識に言葉が流れるかたちで発話されている。だからこそ「失言」もあるし、他愛のないやりとりにもなる。

覚醒している時の発話に対して及ぼされている意識的コントロールのレベルはさまざまであるが、いずれにせよそれは私たちの生命の大切な局面での重要な「行為」となる。

発話は、「いきいき」した生命プロセスの象徴でもある。私たちは、お互いに会話を交わすことで、相手の覚醒状態の「いきいき」や、思考や感性のしなやかさ、柔軟さを認知することができる。

発話はリアルタイムでやりとりされることが大切であり、チューリングマシンが計算においてできることを抽象的モデルとして数学的に解析するといったアプローチでは、その本質をとらえることはできない。

コンファビュレーションと意識

人間の発話行為には、「コンファビュレーション」(confabulation)という側面がある。ここに、コンファビュレーションとは、口からでまかせの嘘、フィクションを発話するプロセスである。病的な場合もあれば、作家が小説を書く時のように、創造的な過程の一部分でもあり得る。

一般に、会話の意図をイメージしたり、話の流れをとらえたりするのは意識の働きである。通常の会話においては、自分の話していることの内容を意識が把握し、コントロールする。コンファビュレーションにおいては、そのような意識のコントロールが弱まるので、発話の「質」が低下する。

発話とコンファビュレーションの関係は、意識の役割について重要で繊細な論点をもたらす。

コンファビュレーションのプロセスは、局所的に見れば意味が通り、文法的にも合っている文字列を吐き出すが、全体としての構成や、含意のようなものは整えにくい。眠っている時に見る夢のストーリーが生み出される過程は意識のコントロールを受けない、ある種のコンファビュレーションである。夢は、あちらこちらと興味深い点もあるし、フロイト的な意味での精神分析の対象にもなるが、全体として「エンタメ」の作品としては成立していない。だからこそ、他人の夢の話を聞くのは多くの場合退屈である。

現在研究されている、人工知能による自然言語処理のプロセスでは、言葉の意味を解析したり、発話したりする。日本語と英語の間の機械翻訳など、次第に応用範囲が広がってきている。グーグルホームやアマゾンエコーなどの「スマートスピーカー」が身近な例である。

このような人工知能における自然言語処理においては、意識のコントロールに相当するプロセスがない。従って、局所的には意味が通っていたり、文法的には正しくても、全体的には整合性がなかったり、文章の含意の焦点がぼやけていたりする。

逆に言えば、全体として整合性を持たせたり、文章の含意を掘り下げたりするのが発話における意識の役割だということになる。

ＧＰＴ－２から見えてくる意識の機能

南アフリカ出身のアメリカの実業家で、電気自動車のテスラ（Tesla）や、宇宙開発のスペースＸ（SpaceX）などの会社の共同創業者であるイーロン・マスク（Elon Musk）が創立した人工知能の研究プラットフォーム、「オープン・ＡＩ」が２０１９年に開発した人工知能、「ＧＰＴ－２」は、自然言語処理において現時点でどれだけのことができるかということを示した。

ＧＰＴ－２は、短いリード文を与えると、その後の文章を自動生成してしまう。その文章は完全に近いと言ってよいほど意味が通っている。

例えば、「イギリス政府はＥＵ離脱について、新しい方針を示した」という文章を与えると、その先の「もっともらしい」文章を続けて生成してしまう。ニュース原稿だけではない。文学的な文章でも、エッセイでも、書き出しの文を与えるとその続きの文章を完成させてしまう。

ＧＰＴ－２の背後にあるのは、統計的な学習則である。シェークスピアの全作品の数千倍に当たる文章を学習させ、どのような文字列の後にはどのような文字列が続きやすいのかということを推定するモデルを構築した。

その結果、リード文の後に続いて書かれる可能性のある文章を生成する能力を持った。その出来栄えは、一見、人間の書いたものと区別できない。

GPT－2は、個人宛にカスタマイズされたスパムを大量に生成するとか、ネット上に偽のレビューを書き込む、あるいはフェイクニュースの自動化などのさまざまな悪用が考えられ、危険すぎるという理由で一時は公開が中止された。その後、一般に公開されて、自分でリード文を入れて続きの文章を生成させられるウェブサイトも登場した。

私自身もいくつかの（英文の）リード文を入れて、その挙動を観察した。その結果はたいへん興味深いものだった。

書き出しの文章に続いてGPT－2によって生成される文章は、確かに意味は通っている。文法的にも正しい。

しかし、文章が続くにつれて、だんだん、何かがおかしいと感じられてくる。全体として、書き手の意図が見えないというか、意味の焦点がぼやけていて、「どこにもたどり着かない」というような印象になってくる。

GPT－2がリード文に続いて自動生成する文章を読み、それを私たちが普段見慣れている「人間」が書いた文章と比較すると興味深いことに気づく。発話における意識の働きは、文法があっていることを保証することでも、内容に内部矛盾がないことをチェックすることでもなく、もう少し微妙な全体の方向性の設定、含意の把握のレベルにあることがわかってくる。

例えば、川端康成の『雪国』の冒頭の数行をリード文として与えれば、人工知能はもっともらしい文章を吐き出してくる。それなりの知性を持った人間が書く文章と一見区別がつかない。

しかし、それは川端が『雪国』で展開した世界とはもちろん違う。小説全体としてのある「世界観」を示したり、読後感においてある感銘を与えたりすることは、人工知能には(今のところ)できない。

よくできた文章は、全体として整合性が保たれ、そして深い含意がある。例えば、夏目漱石の『三四郎』の魅力は、局所的に文章の筋が通っているとか、ボキャブラリが豊富だという点にあるのではない。全体としての「姿」というか、指し示す人間観、読後感にこそ独特の味がある。だからこその芸術である。

そのような作品を生み出したのも、夏目漱石の「意識」の為せるわざ。逆に言えば、私たちの意識は、そのような非局所的な情報処理においてこそ、その本領を発揮するということになる。

人工知能はチューリング・テストに合格するか

意識は、それが吐き出す言葉の局所的な意味、文法の正しさを保証するというよりは、全体としての方向性、構想に関わる働きをしているらしい。

ここに、人工知能がチューリング・テストに合格するかどうかという問題についての、本質的な論点が立ち現れる。すなわち、チューリング・テストは、人工知能による「コンファビュレーション」でも合格するのかということである。

GPT－2は、しゃべり出し、書き出しの部分が与えられればその続きを精度よく生み出し続けることができる。しかし、しゃべり出し、書き出しそのものをつくることはできない。

GPT－2は、しゃべり出し、書き出しが与えられなければ機能しない。書き出し後の文章は随分とうまく処理するが、それも、最初に数行があってのことである。

しゃべり出し、書き出しの部分には、全体の「構想」や「方向性」のようなものが表れる。これは、意識の領分である。

実際、私たちは、意識の中で、全体の方向性を把握しているように思える。ちょうど、水の中を「いきいき」と泳ぐ魚が、その移動の方向を意識においてとらえているように。

文章を書く上でしばしば経験するのは、全体の構想のようなものが「クオリア」として把握できるまでに時間がかかるということである。それさえできれば、後は自動書記のように出てくることもある。書き出しさえわかれば、続きの文章は脳の中から生成されてくる。あたかも、脳の中に「GPT－2」のような言語生成のモジュールがあるかのように。

発話の「しゃべり出し」は、その前の「経緯」や「文脈」がないからこそ意義のある「着想」になる。もし、そこに至る文章や前置きがあるのならば、その続きの文字列を生み出すことは現在の人工知能でもできる。

このような、「一発目」の文章生成こそが、意識を持つ人間にしかできないことであり、「いきいき」とした生物ならではの働きである。意識の役割は、発話の「イニシエーション」にこそある。

文章だけではない。作曲家は、しばしば、ある曲の構想を瞬時に把握することがある。モーツァルトは、作曲にかかっていた時間とその質から、曲の構想をまずは意識の中で全体像として把握して、その後に作曲を進めていたと推定される。

モーツァルトは、作曲の際、曲全体の有機的な構成を一つの「クオリア」として意識の中で把握し、それを作曲行為の中で「展開」していったのだろう。多くの情報を圧縮して意識にのぼらせることのできる「クオリア」の働きである。
音楽の知覚に関わる神経回路は、言語の知覚に関わる神経回路と多くの共通点がある。作曲は、発話と認知プロセスとして似ている。

このような、発話や作曲における意識の「全体の方向性を決める」作用を見ていると、そのようなレベルでもし認知、判別をするならば、人工意識を実装していない現状の人工知能はチューリング・テストに合格しないのではないかと思えてくる。部分的には整合性がとれて、文法的には正しくても、全体のニュアンスとして何かおかしい、違和感があるというようなネガティブな印象が出てくると予想されるのである。

志向的クオリアから感覚的クオリアへの進化

発話や作曲における「いきいき」は、意識による把握、とりわけ、多くの情報を圧縮している「クオリア」によって導かれている。

意識の中の「クオリア」は、私たちが一人ひとり、生物の個体として生きる時間の中で重要な役割を果たしている。一方で、より長い時間スケールで見ると、進化の過程における「クオリア」の位置づけが興味深い。

発話や作曲におけるクオリアは、意識の中で必要性や文脈に応じて「仮」のものとして生成されている。モーツァルトが作曲の端緒とした志向的クオリアもまた、音楽世界の多様性、可能性を表現する上での「仮説」として適切で役立つものだったからこそ、意識され、機能したものと考えられる。

「仮」のものとして生成されたクオリアは、「志向的クオリア」(intentional qualia) として知覚される。そのように生成された志向的クオリアの中で、特に世界の把握という観点から役に立つものだけが、世界を把握する上でいわば「定番」の基盤をつくるといえる、「感覚的クオリア」(sensory qualia) のレパートリーとして残っていった可能性がある。

つまり、世界を把握する上での基本的な「パーツ」として、いわば、世界をこのように整理してとらえたらよいのではないかという「仮説」として成立するのが「志向的クオリア」だと考えられる。その中で、重要なものとして進化における自然淘汰の「予選」を勝ち抜いて残っていったもの、つまりは、実際にそのような「部品」で世界をとらえると効率がよいと確認され、定着していったものが「感覚的クオリア」だと考えられるのである。

例えば、今日私たちが視覚を通して外界を経験する時に主要な役割を果たしている「色」や「透明感」、「金属光沢」などの感覚的クオリアは、過去に世界を把握する上で有効な「仮」のものとして立ち上がった志向的クオリアのうち、進化の過程で厳選されていったものだと考えられる。同様に、聴覚においても、さまざまな「音色」のクオリアが、環境からの音刺激を整理する上で大切な役割を果たす感覚的クオリアとして残ってきたものと思われる。

結果として、進化してきたさまざまな感覚的クオリアの「組み合わせ」を通して、私たちは世界の多様性を把握し、表現することができる。

「組み合わせ」を通して世界のさまざまを表現するために、感覚的クオリアはお互いに、似たような性質を重複して表現してしまっているという「冗長性」(redundancy)がないかたちで構成されているものと考えられる。

例えば、赤、青、緑、黄などの「色」のクオリアは、お互いに冗長性ができるだけないかたちで生成されている。さらに、金属光沢や透明感などの感覚的クオリアは、「色」のクオリアの全体に対して冗長性がない生成となっている。

新しい志向的クオリアが立ち上がる上では、それまでにすでに立ち上がっている感覚的クオリアのレパートリーに対して、情報論的に「冗長性」がないということが重要である。それでこそ、進化の過程で志向的クオリアが新たに感覚的クオリアとして「採用」された時に、生きる上で役に立つようになる。

意識に知性は必要か？

ここまでの議論を踏まえ、意識に知性は必要なのか、改めて考えてみよう。

知性を、現在人工知能の研究などで、アプローチされているような抽象的な「計算」の意義でとらえるとするならば、そのような知性は意識には必要ないと言うことができる。

少なくとも、「アルゴリズム」や「計算可能性」でとらえられるような意味での「知性」は、「意識」にとって必須ではない。

一方、知性を、生命現象にともなうような、「いきいき」とした、しなやかに環境に適応する能力としてとらえるとするならば、それは、意識を「随伴現象」として生み出す生命活動と同じ起源から生み出される、もう一つの「随伴現象」だということもできる。

すなわち、

生命→意識

及び

生命→知性

という流れはある。この場合、生命が「意識」、そして「知性」の源となっている。その一方で、

知性→意識

という流れはない。とりわけ、ここで言う「知性」が、抽象的な「計算」の概念を前提した、「アルゴリズム」に基づくものであるならば。

「意識」も「知性」も、「生命」の随伴現象であるというとらえ方は、抽象的な数学的な概念としての「計算」とは別のかたちで、生命的な意味での「計算」を定義し、アプローチする必要性を浮き彫りにする。

そのような生命的な「計算」のど真ん中にあるのが、意識の中の質感、クオリアである。

第六章　統計とクオリア

クオリアの謎

私がクオリアの謎に出会ったのは、東京大学理学部物理学科の大学院を出て、理化学研究所で脳の研究を始めて二年が経とうとしていた頃のことである。

それまで、私はいわゆる「物理主義者」で、世界のすべてのことは、定量的な方程式で記述できると思っていた。世界には4つの力がある。弱い相互作用、強い相互作用、電磁相互作用、そして重力である。これらの4つの力を「統一」することができれば、宇宙のさまざまを説明する「万物の理論」(theory of everything)が成立すると考えていた。

脳も、複雑ではあるが物理学の法則に従うシステムに過ぎないと思っていた。脳科学を、応用物理学くらいに考えていたのである。

クオリアに気づいて、その考え方が根底から崩れた。もし万物の理論ができたとしても、それだけではこの宇宙のすべてを説明したことにはならない。

なぜならば、そこには、「クオリア」を生み出す意識、そこに表れる「私」という主観性が一切反映されていないからだ。

クオリアが突きつけたのは、因果的に宇宙の運行を記述するというアプローチの限界だった。あるいは、そのアプローチの先に、もしくは根元にあるものだった。つまりは、近代科学の大前提自体が問われることになる。

私は、クオリアの謎に気づくことで、物理学のようなアプローチでは扱いきれないこの世の実相があることに目を開かれたのである。

もっとも、クオリアを生み出す意識も、その主体となる「私」も、この宇宙の中にある「自然現象」であることには違いない。

だから、安易に、「客観的」な自然法則と、「主観」の立場の対立、対比の問題だとすることには意味がない。そのように「主観」を立てて、その「主観」が客観的な宇宙とは別の、特別な領域だとしてしまうと、その主観を自然科学に接続する道が失われてしまう。

複雑であるとは言え、物質である脳の働きによって「意識」が生み出され、その中にさまざまな「クオリア」が感じられるというのは不思議なことである。しかし、その不思議さを、「主観」というブラックボックスに押し込めても仕方がない。そのような愚は、より世俗的には、知を「文系」と「理系」に分けるような安易な態度と結びついている。

すべてはこの宇宙という「自然」の中の一部であり、クオリアが生まれてくるそのプロセスもまた、「自然法則」の一部であるという認識を持つことが大切なのだ。

統計的アプローチの必然性

この宇宙の中の物質の変化は、すべて因果的な法則に従っている。脳もまた、複雑ではあるが物質であり、その変化は因果的な法則で記述される。その法則は、弱い相互作用、強い相互作用、電磁相互作用、そして重力の4つの力で導かれる。この前提を疑う理由は今のところない。

しかし、このような因果的法則による記述は、少しでも複雑なシステムになると完全にはできなくなる。古典的なニュートンの運動方程式に従うシステムでも、その中に「3つ」以上の物質があると、有名な「三体問題」（Three-body problem）となり、その運動の「解」が簡単には求められないことがわかっている。

そこで、方程式を解くのではなく、徐々にどう変化していくかをシミュレーションするというアプローチが出てくる。抽象的な思考としては、この世界を構成している素粒子のレベルで、それを記述する運動の方程式を立て、それが時間とともにどのように発展していくかを追うことができる「はず」である。

しかし、このような因果的還元論には無理がある。どんなに巨大なコンピュータでも、例えば一人の人間の脳を構成する素粒子の挙動をすべてシミュレーションすることはできないからである。

また、たとえできたとしても、少なくとも二つの問題点がある。

一つは量子力学的不確定性（quantum uncertainty）である。ミクロな世界のできごとはその結果が一つに決定できない。起こり得るさまざまな結果の「分岐」によって、「多世界」（many worlds）に分裂していくという考え方もある。そのすべてを追うことは困難である。

もう一つは、決定論的カオス（deterministic chaos）と呼ばれる現象で、初期状態が少し違うだけでも時間が経つと大きな変化につながる。例えば、中国で蝶が羽ばたくかどうかで、メキシコ湾でハリケーンが生じるかどうかが決まってしまう。現在の状態を無限の精度で決定できない限り、因果的に発展するその様子をシミュレーションすると言っても絵に描いた餅である。

そもそも、3つの物質からなるシステムでも難しいのだから、ましてや脳のように複雑なシステムのふるまいを方程式の解として求めるのは不可能である。

そこで、因果的な法則と並んで、現代の科学において重要な役割を果たしているのが、「統計」のアプローチである。

脳のふるまいを科学的に記述し、理解しようと思ったら、統計的なアプローチをとらざるを得ないのである。実際、今日の脳科学（神経科学）の実験データの解析、理論的なモデルのほとんどは、統計的アプローチに基づいている。

統計的なアプローチの起源

脳の働きで言えば、ある特定の人物の脳が、特定の刺激に対してどのように反応するかを見ているだけでは、その機能の本質をつかむことは難しい。

さまざまな人の脳が、いろいろな刺激に対してどのように反応するのか、その様子を統計的傾向、統計的法則として把握する方法論をとらないと、その脳の機能の本質をとらえることはできない。

脳の研究に限らず、統計的なアプローチは、さまざまな事象を集めてきて、それらをまとめて分析した時に現れる傾向や法則性を扱う。統計的な方法が前提にしているのは、ある「アンサンブル」（集合、ensemble）である。そのアンサンブルに属する事象を解析して、ある傾向を導くことによって、パターンを認識したり、未来を予想したりしようとする。

サイコロを投げた時に、一回ごとにどの目が出るかという結果は予想するのが困難である。そこで、統計では、サイコロを投げるという事象をたくさん集めてきた「アンサンブル」を考え、このアンサンブルで成り立つ数学的な法則を考える。このような意味での「確率論」が、ギャンブルの配当金の決定から保険料の額、さらにはインターネット上のデータのトラフィックの予想まで、現代文明のさまざまな制度、技術を支えている。

確率や統計のアプローチは現代科学や技術に欠かせないものであるが、それを当たり前の前提だと考える傾向が強くなっているようにも感じられる。意識の問題にも、それが応用可能だと考える人も増えてきている。

統計や、確率といった方法論の起源にさかのぼってその「精神性」を確認しておくことは、このような方法論の可能性及びその限界をつかむ上でも大切なことである。

数学者のブレーズ・パスカル（Blaise Pascal）は、統計学の創始者の一人である。

パスカルが現代的な確率論を思いつくきっかけになったのは、「フェルマーの最終定理」（Fermat's last theorem）で有名な数学者のピエール・ド・フェルマー（Pierre de Fermat）との文通だったとされる。ギャンブルをやっている人たちが、事情があって途中でゲームを止めてお金を配分しなければならなくなった時、どのように分けるのが一番合理的かという問いから、確率論のモデルが始まった。

「人間は考える葦《あし》である」という有名な言葉も含まれるパスカルの主著『パンセ』は、人間の生や宇宙のあり方の根源にある不確実性についての、魂が震えるような感性に満ちている。

『パンセ』に記述がある有名な「パスカルの賭け」(Pascal's wager)は、神の存在をめぐる不確実性に関する思考である。現世において、欲望の限りをつくすべきか、それとも神の教えに従って生きるべきか。この問題に対して、パスカルは確率論で回答しようとする。

もし、この世に神が存在するとするならば、欲望のおもむくままに生きている人は死後罰を受け、永遠に地獄に堕ちる。一方、神の道に従って生きていれば、天国に行くことができる。

神が存在するかどうかは不確実であるが、仮に存在した場合、現世で道を踏み外して生きている人は大きな負の報いを受けることになる。従って、たとえ、自分の欲望を少し我慢することになっても、現世で神の道に従って生きることの方が「安全」だし「得」である。パスカルはそのように考えた。

「パスカルの賭け」は、形而上学や信仰といった文脈に引き寄せられがちな神の存在の問題を、「情」を突き放した確率という「合理性」のかたまりのモデルに接続したところに独特の味わいがある。

宇宙や存在の根底にある不確実性に対するパスカルの感性は、現代的な意味での「確率論」の範疇に収まるものではなかった。パスカルは、宇宙の根底に横たわる深淵を前にして戦慄する小さな存在として、人間をとらえていた。その思考は、確率論を生み出し、しかし同時に確率論を超えていた。

世間ではしばしばあることだが、何かを立ち上げた「創業者」は、案外広い世界を見ていて、深いレベルでものごとを見ている。ところが、その後を受け継いだ継承者たちは、もともとの精神性を忘れて、表面的な技術に終始したりすることが多い。確率論についても同じようなことが言えるのではないか。

創始者であるパスカルが持っていた感性は失われ、ただその成果物である確率的手法だけが使われ続けている。

「情報」(information)を表す形式を、ノイズに満ちた信号路を通るシグナルに即して定式化したのはクロード・シャノン(Claude Shannon)である。シャノンが創始した統計的なアプローチに基づく「情報理論」(information theory)は、インターネット上の情報のトラフィックの解析や、暗号技術などに応用できる素晴らしいものだが、シャノン自身は、それが情報の「意味」には適用できないものだとはっきりと自覚していた。

ところが、情報理論や、それを変形した数学形式で、情報の「意味」や、それを支える「意識」までも解明できると信じる人が増えてきている。

統計的なアプローチは、私たちが認知する世界の傾向を解析する上では大切である。また、脳の神経細胞の活動の傾向を分析する上でも的確である。

しかし、統計的アプローチには、固有の限界がある。それは、この宇宙、生命、私たちという存在の一端をとらえるものであっても、その深淵の芯に至るものでは必ずしもない。

複雑な事象を扱う上では、確率論、統計学のアプローチは有効である。しかし、それは、意識の問題、クオリアの謎を解き明かす上で果たして有効なのだろうか。

私は、意識の本質を考える上では、統計的アプローチには根源的な限界があると考えている。そして、この見解は、論理的な確信に近いものがある。パスカルも、もし現代に生きていたら、確率論、統計的アプローチの限界、意識の問題へ適用することの無意味さについて同意してくれたものと思う。

直接性の原理とNCC

朝、目が覚めた瞬間に、「私」の「意識」が立ち上がる。

それまで「私」が存在していなかったのが、「私」が立ち上がり、さまざまな「クオリア」が感じられる。これは、4つの力を統一した「万物の理論」（theory of everything）を志向してきた物理学のアプローチでは、どうしても説明できないこの世の属性である。

意識は、自然現象である。脳の神経細胞の活動によって、私の意識が生み出される。脳と意識の間に介在する余計なものはない。いわば、意識は神経細胞の活動そのものであって、その意味では、それに尽きると言ってもよい。

意識は、脳の神経細胞の活動によって直接生み出されている。このような考え方が「直接性の原理」(immediacy principle) である。

直接性の原理は、至って当然のことであり、疑う余地がないことのように思われる。しかし、そのことと、この原理が要求するさまざまなことの全貌を理解することは別である。

直接性の原理は、「今、ここ」(here and now) の神経活動から、「今、ここ」の意識が生み出されることを記述する。

ある人の意識が生み出される上で意味のある「今」は、心理的な時間の中での「現在」(specious present) を生み出している「今」である。心理的な時間は、物理的な時間とは違う。心理的な時間における「今」は、物理的な時間では、ある一定の幅を持っている。脳全体の活動が「私」という意識の中で統合されているという性質を考えると、意識の「今」は、神経活動が脳全体でお互いに伝わり合うのに必要な時間、すなわち、数百ミリ秒程度の幅を持っているはずである。

ある人の意識が生み出される上で意味のある「ここ」は、その人の脳の中にある神経細胞である。もっとも、そのすべてが意識を生み出す上で貢献するわけではないが、少なくとも、その一部分の神経細胞の活動が私の意識、そしてその中で感じられるクオリアを生み出す上で直接的な役割を果たしている。

以上のような「今、ここ」の神経活動が、意識を生み出す。神経活動と意識の生成の間の関係が、物理的な「因果法則」のようなかたちでとらえられるのかどうかははっきりしない。そこで、神経活動と意識の間の「相関」(correlation)を見ようとするのが、「意識と相関のある神経活動」(neural correlates of consciousness)という考え方である。この概念、及びそれに基づく研究プログラムは、DNAの二重らせん構造の発見で有名なイギリス出身の生物学者フランシス・クリック(Francis Crick)と、アメリカで活躍する神経科学者クリストフ・コッホ(Christof Koch)の二人によって最初に提案された。「意識と相関のある神経活動」は、その頭文字をとって、「NCC」と記されることがある。

以下、この章の中では、記述を簡略にするためにこのNCCという表記を採用することにしよう。

NCCは、当然、それが「今、ここ」に起こっているものでなければならない。

例えば、目の前にある薔薇を見て、その「赤」のクオリアを意識が感じている時には、そのNCCは、当然、「今、ここ」で起こっている神経活動でなければならない。すなわち、その意識の主体の脳の広い範囲にわたる、数百ミリ秒程度の神経活動が、「直接性の原理」に基づいて意識を生み出していると考えられる。

その人が、過去にどのような経験をしたかということの影響は、「今、ここ」の神経細胞の活動を通してのみ意識に及ぶ。つまり、学習を通して、神経細胞のネットワークの結合パターンが変化することで、「今、ここ」の活動が左右される、そのことだけが「今、ここ」の意識に影響を及ぼす。

一年前に薔薇を見て感動したことがあったとしても、その一年前の神経活動がNCCとなって直接「今、ここ」の意識に影響を及ぼすことはない。同様に、薔薇を見ている時の脳活動が、「百合」を見ている時の脳活動と比較してある特徴を持っていたとしても、そして、薔薇の神経活動が、百合の神経活動と比較して顕著な特徴を持っていたとしても、百合を見ている時の神経活動が、直接、NCCとなって「薔薇」を見ている時の意識内容に影響を与えることはない。

このような命題は、取り立てて書かなくても、脳の神経活動から意識が生み出されるメカニズムについての常識的な理解の中に含まれているようにも思われる。ところが、そのような認識が必ずしも浸透していない。

統計的アプローチとベイズ推定

統計的な解析そのものは科学的アプローチとしては理にかなっている。例えば、自然の風景（natural scene）の中にどのような刺激が現れやすいのかということを、空間周波数で分析したり、パターン学習で分類したり、あるいはどのような成分が含まれやすいのか分析する（主成分分析、Principal Component Analysis）という手法は、脳の視覚系の神経細胞の活動を理解する上で有益である。

自然の風景の中に典型的に現れる周波数分布をカバーできるような神経細胞の「受容野」の構造を考えたり、そもそも外界にはどのような刺激が現れやすいのか、「ベイズ推定」（Bayesian inference）によって議論することは、脳の視覚野の働きを考える上で有効である。

ここにいう、ベイズ推定は、18世紀のイギリスの数学者トーマス・ベイズ（Thomas Bayes）が提唱した形式に起源を持つ統計学のアプローチである。

ベイズ推定は、主体が世界を観測する際に、さまざまな事象Aが起こる「事前確率」（prior probability）を考え、さまざまな事象Xが起こる度に事象Aが起こる確率を改定して、次第に確からしい確率に変えていく手続きを与える。

例えば、狩人がうさぎを追い求めている時に、この時期にこのあたりにはうさぎはこれくらいいるだろうという事前確率があるとする。その後、狩りに出た日の天候や、一日のうちの何時くらいか、仲間からの情報、キツネを見かけたかどうか、草むらを走るあやしい影を見たかどうかなどの「手がかり」をきっかけにして、うさぎが見つかる確率を次第に更新していくのである。

ベイズ推定の中には、本質的に「主体」の「認識」が含まれている。それは、環境の中でさまざまなことを手がかりに外界を認識し、生存に役立つ選択、行動をとる私たちの認知プロセスの本質を表している。

ベイズ推定は、「神の視点」から、世の中で起こる事象の頻度を知ることができるという前提に立つのではない。もし、うさぎが野原にいる数と、その移動の様子を知ることができたら、狩人がうさぎに出会う確率を計算できるだろう。しかし、狩人は限られた視野を持ち、限られた時間の中で限られた範囲を探索してうさぎを求める。その間にうさぎに出会えるかどうかを狩人の視点から説明しようとすると、ベイズ推定の形式が有効なのである。

現代行われている人工知能の研究は、統計的な学習則に基づいている。その中心に、べイズ推定の形式がある。

統計的アプローチでは、意識は説明できない

ベイズ推定を始めとする統計的なアプローチは、脳の機能の解析や、人工知能における統計的学習の理論、モデル、シミュレーション、実装において重要な役割を果たす。

しかし、ベイズ推定や、一般的に統計的なアプローチでは、意識を生み出すプロセスそのものは与えられない。ベイズ推定はNCCとは関係がない。このことを確認しておくことは、意識を理論的に解明したり、将来人工意識をつくろうとする場合に死活的に重要なポイントになる。

「今、ここ」の意識は、その中で感じるクオリアを含め、「今、ここ」の神経活動で生み出される。この「直接性の原理」は、自明のことのようであるが、実際には、意識についての多くの解析がこの原理から逸脱している。そして、そのことに研究者、論者たちが気づいていない。ベイズ推定を始めとするような解析を通して人工意識を生み出そうという試みは成功の見込みがない。

統計的アプローチでは、「今、ここ」の神経活動だけでなく、さまざまな「アンサンブル」を集めて、その全体としての統計的性質から、「今、ここ」の神経細胞の活動を特徴

づけようとする。

例えば、目の前にある薔薇を見ている時の神経細胞の活動を、過去にその薔薇を見ている時の活動と比較したり、「百合」などの他の花や、別のものを見ている時の神経細胞の活動と比較したり、そもそも自然界にあるさまざまな事物との比較の中で、意識される「薔薇」の表象を生み出す神経細胞の活動の特徴を分析しようとするのが、統計的なアプローチである。このようなやり方は、神経細胞の活動がどのように形作られるかとか、それによって支えられる認識が生きる上でどう役に立つかということを分析する上では役に立つ。しかし、それは、「直接性の原理」で与えられる意識そのものの性質、その中で感じられるクオリアそのもの、そのNCCを説明するものではない。

私が、今目の前に見ている薔薇の「赤」のクオリアや、花びらのベルベットのような質感、花のかたちなどを構成するクオリアは、「今、ここ」の神経細胞の活動で与えられるのであって、統計的アプローチが前提としているような「アンサンブル」で与えられるのではない。

統計的アプローチにおける「アンサンブル」は、時間や空間の限定を超えて、さまざまに起こる事象をひとまとめにするからこそ、強力な道具となりうる。

例えば、サイコロを振った時に、そのサイコロが「今、ここ」でどのように運動して、どの目が出るかということだけを追っても、サイコロの目の出方の法則はわからない。サイコロを振るという事象を、時間、空間の限定を超えてたくさん集めて、それを「アンサンブル」として解析しなければ、統計的性質はわからない。

一つのサイコロをとっても、そのサイコロを誰が振るか、どれくらいの力で投げるか、投げられたテーブルの表面の材質は何か、その時の湿度、温度はどうかといったさまざまな要素によって、目の出方は違うかもしれない。よって、そのような事象を時間、空間を超えてあつめた「アンサンブル」を扱わなければ、統計的な解析はできない。

同じように、神経細胞の活動が、環境との相互作用で直面するさまざまな状況や、いろいろな刺激においてどのように起こるかを統計的に解析することは、それぞれの神経細胞や、神経細胞のネットワークの機能、生存の上での適応度を分析する上で役に立つ。

しかし、「今、ここ」の意識そのもの、クオリアそのものは、「今、ここ」の神経細胞の活動から直接性の原理によって生じ、そのことによってNCCは説明されるのであって、統計的な分析が前提にしているような、時間的にも空間的にも広がった「アンサンブル」の性質は関係がないのである。

統計的な解析の有効性は、時間、空間の限定を超えた「アンサンブル」を考えるという思考の自由度に依存している。しかし、その自由さゆえに、かえって、「今、ここ」で生まれる意識の内容とは関係のない、時間的にも空間的にも離れた事象を拾ってしまう。

もしサイコロに意識が宿るとするならば、その意識の内容は、「今、ここ」で振られているそのサイコロの運動に基づいて説明されなければならない。サイコロの目がどう出るかを説明する上では時間、空間的に離れたたくさんの「振り」の「アンサンブル」を考えることが有効である。しかし、その「アンサンブル」に基づいて導かれた統計的な解析を、「今、ここ」でサイコロの運動から生まれる意識の説明に用いてはならない。

以上のような理路をたどればわかるように、意識の性質を説明する上で統計的な解析が有効ではないということを理解することは決して難しいことではない。それにもかかわらず、多くの研究者、論者が、統計的なアプローチで意識の属性を説明しようと誤った方向の努力をしている。

解析、分析では意識には届かない

古くからあるたとえ話に次のようなものがある。

ある男が暗闇の中で鍵を落とした。ところが、その男は、落とした場所から離れた街灯の下で一生懸命に鍵を探している。当然、見つかるはずがない。「なぜ、暗闇で鍵を落としたのに、そんなところで探しているのか?」と聞かれた男が答える。「なぜって、ここには光があるから」

統計的アプローチで意識を説明しようとすることは、この男の態度にどこか似ている。統計的手法は便利である。脳の神経回路網が進化の過程や成長のプロセスでどのようにかたちづくられていくかを説明する上では、それは有効である。

数学的にも、統計的手法は扱いやすい。意識の中で感じられる「クオリア」がどのように定式化されるか、その未知の数学を想像すると途方にくれる。一方、統計で用いられる数学は展開がしやすい「応用数学」であり、とりあえずいろいろな分析、解析をすることができる。

意識の問題は難しい。クオリアの一つひとつの個別性をどう扱ったらいいのか、現時点ではわからない。現状では手も足も出ない。クオリアの数学は、暗闇の中にある。

しかし、だからと言って、現時点で手に入っている統計的手法で意識を説明しようとすることは、鍵を暗闇で落としたのに街灯の下で探している男と同じ間違いをすることである。そのような「努力」をいくら続けても、クオリアを生み出す意識の謎は解けない。街灯の下にはＮＣＣはない。

一般に、神経細胞の活動の特性を統計的にいくら分析、解析したところで、そのような手法では意識そのものを説明することも、人工意識を生み出すこともできない。

意識を生み出す脳の活動の外に観察者、分析者を置いて、その視点から神経細胞の活動を分析することは、科学的な理解や理論の構築には役に立つ。しかし、神経細胞の活動から「直接性の原理」に基づいて生まれる、「自然現象」としての意識、その中で生み出されるクオリアの解明には届かない。

意識に関わる認知プロセス、解析プロセスが「自然」の外にあって、それによって「意識」がつくられるのではない。意識は、あくまでも自然現象の一部として把握され、説明されなければならない。

第三者の視点からの時間、空間の限定を超えた「アンサンブル」を前提にした分析、解析ではなく、「今、ここ」で起こっている神経細胞の活動の内部関係に即した理論構築をしなければ、クオリアを生み出す意識の根源は解き明かすことができない。

意識と統計的アプローチ

以上に見てきたように、意識の起源を明らかにする上で、統計的アプローチには致命的な欠陥がある。

人工知能の理論的研究、及びその工学的応用が現状ではベイズ推定などを援用した統計的な学習則に依拠している以上、人工知能の先に「人工意識」はない。

GPT－2のような自然言語処理の人工知能は、大量の文章をビッグデータとして取り入れ、その「アンサンブル」の中での単語の並びの確率的解析をするアプローチをとる。そのようなやり方では、「今、ここ」で言葉を認識する際に意識の中で立ち上がる言葉の「意味」を扱うことはできない。

言葉の意味は、意識の中で志向的クオリアとして感じられる。そのクオリアを生み出しているのは、言葉の処理に関して「今、ここ」で起こっている神経細胞の活動である。

意識の本質をつかむためには、「今、ここ」で起こっている神経細胞の活動の相互関係、そしてそこで生み出される心理的な時間に注目しなければならない。NCCを考える上での基礎となるのは、「マッハの原理」（Mach's principle）と、「相互作用同時性の原理」（Principle of interaction simultaneity）である（『脳とクオリア』（講談社学術文庫）参照）。

意識の本質を考える上で、統計的手法は役に立たない。ただ、二点、留意すべき点がある。

一つ目は、ノイズに満ちた神経細胞の活動からクオリアが生み出される過程における「縮小写像」としての性質である。神経細胞の活動は、揺れ動き、その時々で変わる。しかし、それによって生み出されるクオリアは、「赤」の「赤」らしさのように、プラトン的完全性（Platonic idealism）を見せている。このように、たくさんの神経細胞の活動のノイズに満ちた多様性が、一つの完璧な「クオリア」に写像されるプロセスは、通常の意味での「統計」とは異なるが、未知なる「統計」的原理と関係している可能性がある。そして、それは創造性の本質とも関係しているかもしれない。

もう一つは、「私」が「私」であるという意識の連続性の背後にある「統計性」である。後に第九章で見るように、ベイズ推定は、意識の流れ（stream of consciousness）における意識の連続性を考える上では、大切な役割を果たす可能性がある。例えば、眠りにつく前と目覚めた後の「自分」が同じ「自分」であることを支えているのは、ベイズ推定で記述される認知プロセスかもしれない。ただし、その結果として「今、ここ」で生み出される「私」が「私」であるという意識、そのＮＣＣは、やはり、「今、ここ」の神経細胞の活動によってのみ説明されなければならないのである。

第七章　人工知能の神学

シンギュラリティ

すでに何回か言及しているように、人工知能の研究においては、しばしば、「シンギュラリティ」（singularity）、ないしは「技術的特異点」（technological singularity）ということが言われる。シンギュラリティにおいて、人工知能の知性が人間を超えるとも言われている。

しばしば、「２０４５年にシンギュラリティが起こる」とされるが、これは、文字認識などの技術の開発で知られ、未来についてもさまざまな予言をしてきたアメリカの発明家で未来学者のレイ・カーツワイル（Ray Kurzweil）が、人工知能の能力が人間を超える時期として予言したのが元である。カーツワイルの説を受けて、さまざまな論者が、「２０４５年シンギュラリティ説」に言及し、メディアでも取り上げられることが多い。

もっとも、このような予言は、話半分で聞いておけばよい類のことである。

量子力学の創始者の一人、デンマークの物理学者ニールス・ボーア（Niels Bohr）のものとされる「格言」に、次のようなものがある。

「予言をするのは難しい。特に未来については」

Prediction is very difficult, especially about the future.

「予言」が元々「未来」に関するものであるのは前提とした上で、敢えてユーモラスに予言の難しさを語ったものである。

常識的に考えて、２０４５年までの世界がどのように変化していくか、予想ができるはずがない。世界は至るところに「１＋１」が「２」にならない「非線形性」(nonlinearity) があり、少し先の変化でさえ見通せない。「同時多発テロ」や、「新型コロナウイルス」(SARS-CoV-2) などの専門家でさえ予想しきれない「ブラックスワン」(black swan) と呼ばれる現象もある。

カーツワイルがすぐれた技術者、ヴィジョナリーであることは確かである。また、シンギュラリティの論者たちの中に、知性や感性にすぐれた人が多いことも事実である。

しかし、２０４５年にシンギュラリティが起こるということが確定しているわけではもちろんない。そもそも、人工知能が人間を超えるということの定義も明らかではない。

それでも、シンギュラリティという考え方や、それが２０４５年に来るという未来像に人々が惹きつけられるのは、人工知能がそれだけ私たち人間にとって「鏡」のような存在だからである。

人工知能は、そのうち自律的になるかもしれないし、独自の進化を遂げ始めるかもしれないけれども、今のところ、私たち人間がつくった「道具」である。

「道具」としての人工知能は、私たち人間にとって何が大切なのか、どのような属性が私たち人間の「本質」なのか、そのような自己像を映し出す。だからこそ、人工知能は私たちにとっての「鏡」である。

プロローグのタケシとサユリの会話に出てきた、人類で最初のプログラマーだったエイダ・ラブラス（Ada Lovelace）は、コンピュータは単に「計算」をするだけではなくて、それを用いて音楽をつくったり、絵を描いたりもできるという構想を持っていた。つまり、芸術にも応用が可能であると考えていた。これは、とても先見性のあるヴィジョンである。

それがコンピュータとして実装されるにせよ、ロボットに応用されるにせよ、そのようにして実体化される人工知能を何に使おうとするのかということに、私たちの人間観、世界観が顕れる。

私たち人間の本質は、「知性」なのか、それとも「意識」なのか。私たちの偉大なる成果は、「科学」なのか、「技術」なのか、それとも「芸術」なのか。

人工知能には何が可能なのか、人工知能に何をやらせるのかというヴィジョンの中に、私たちが自分自身の本質をどこに置くのかという哲学が映されている。そして、知性や意識の本質といった問いの究極の延長線上に、この宇宙はなぜあるのか、存在の意義は何かといったミステリーが浮かび上がってくる。

その向こうには、「神」の幻影すら見え隠れする。そこには、「人工知能の神学」(theology of artificial intelligence)とでも言うべき思考の領域がある。

私たちは、人工知能という「鏡」の中に、「知性」を映すのか、「意識」の影を見るのか、それとも「神」の兆しを感じ取るのか。

「人工知能の神学」の中に、私たち人類にとって本質的なさまざまな問題が潜んでいる。

シンギュラリティと「最後の発明」

人工知能は、人類にとっての技術的成果、便利な道具というだけでなく、私たちにとってのさまざまな「真実」を映し出す「鏡」である。

そして、私たちにとって大切な「真実」は、この宇宙の進行の中に巧みに隠されているのかもしれない。

現代の文明を支えている科学技術の一つに「暗号」、及びそれを支える「暗号理論」(cryptography)がある。インターネット上のショッピングでクレジットカード番号を入れたりする時にも、それを暗号化して伝送する技術が確立して(今のところ破られない状態で)

いるから安心して取引できる。

今後、量子コンピューティング（quantum computing）技術の発展によって既存の暗号が破られるようになってしまう可能性がある。暗号は、ある種の計算が時間がかかりすぎてできないという前提でつくられている。量子コンピューティングで従来のコンピュータで何万年もかかっていたような計算が数秒でできるようになると、暗号は破られてしまって、世界中の人のクレジットカードが使い放題といった事態になる。そうなると、私たちの生活の根幹に関わる。ネットワーク化が進み、相互依存が深まった世界においては、生死に関わる問題とさえ言える。

暗号は、第二次世界大戦中にも生死を左右するような重要な意味を持った。ドイツ軍が使用した暗号「エニグマ」（Enigma）は、イギリスから見れば、敵の動向を察知するためにどうしても解読したい対象だった。

暗号解読のプロジェクトチームが組織され、イギリスの丘陵地帯のミルトン・キーンズにある邸宅、ブレッチリー・パークに拠点が置かれた。ここで、今日のコンピュータの原型となるモデル、「チューリングマシン」を考案した天才数学者、アラン・チューリング（Alan Turing）を含む精鋭部隊がエニグマの解読に取り組んだ。

チューリングを始めとするチームがエニグマを解読したことが、ドイツに対するイギリスの、そして連合国側の勝利において重大な意味を持ったとされている。エニグマを解読したことで、ドイツ軍がイギリス国内のどこを空爆するかはすべて筒抜けになった。ところが、解読の事実をドイツ軍に悟られないために、イギリス側は目的地の幾つかは「知らない」ふりをして空爆されるに任せたのだという。自国民を犠牲にしても勝利しようとする、戦争における「計算」の冷徹さを伝えるエピソードである。

戦争終了後、チューリングは、本来、イギリスを勝利に導いた英雄の一人として讃えられるべきだった。ところが、チューリングが受けた仕打ちは不当で過酷なものだった。アラン・チューリングは、同性愛者だった。今となっては考えられないことだが、当時のイギリスでは同性愛は「犯罪」だった。チューリングは告発され、有罪となり、ホルモン注射の「治療」を受けた。このことを気に病んだのか、チューリングは41歳の若さで、青酸化合物を服毒して自殺してしまった。倒れて見つかったチューリングの近くにはかじったりんごが落ちており、好きだった『白雪姫』のシーンを模倣したのではないかとも言われている。

近年になってチューリングに着せられた汚名を取り除く動きがあった。２００９年には、当時のゴードン・ブラウン（Gordon Brown）首相がチューリングの受けたひどい扱いについてイギリス政府を代表して公式に謝罪した。２０１３年には、エリザベス女王によって、名誉回復が行われた。また、2021年末に発行される新しい50ポンド札にチューリングの肖像画が採用されることが決まった。

アラン・チューリングとともにエニグマ解読に取り組んだメンバーの一人が、数学者のI・J・グッド（I.J. Good）だった。グッドは長生きして、2009年に92歳の生涯を閉じた。グッドは、スタンリー・キューブリック（Stanley Kubrick）監督の映画『2001年宇宙の旅』（2001: A Space Odyssey）において相談役をつとめた。この映画では、スーパーコンピュータの「HAL 9000」が人類に反逆する。今日の人工知能ブームにおいて懸念されていることを先取りしたかのようなコンセプトづくりに、グッドの人工知能に関する考えが投影されていた。

『2001年宇宙の旅』は、キューブリックとSF作家のアーサー・C・クラーク（Arthur C. Clarke）が組むという豪華な制作体制だった。クラークが原作となる小説を書くと同時に、キューブリックによる撮影が進んだ。公開当時は賛否両論のある作品だったが、今日ではSF映画としてだけでなく、すべての映画ジャンルの中でも歴史上最高傑作の一つだと考えられている。グッドも、『2001年宇宙の旅』の功績が認められて、アカデミー賞の選考母体である「映画芸術科学アカデミー」の会員に選ばれた。

グッドは、今日盛んに喧伝されている人工知能の「シンギュラリティ」という考え方の元々の生みの親である。

1965年に出版された論文の中で、グッドは、今日「知性の爆発」(intelligence explosion)と呼ばれるようになった考えを初めて提唱した。もし、人工知能が人間の手を借りずに自分自身を改変できるようになったら、その後は、人間がコントロールできない形で爆発的に知性が向上することになる。やがて、人間の知性も超えて、「特異点」(シンギュラリティ、singularity)を迎える。

もし、このような知性の爆発に至るような自己改良できる人工知能を開発したら、それは人類にとっての「最後の発明」(last invention)になる。何故ならば、その後はシンギュラリティを迎えた人工知能がすべての研究開発の代行をしてくれるからだ。また、グッドは、高度に発達した人工知能によって人類が絶滅に至る可能性を憂慮していたらしく、その意味でも「最後の発明」と考えていた節がある。

人類の存在論的危機

グッドが予言した人工知能の「シンギュラリティ」。

人類はやがて、人工知能によって置き換えられてしまうのだろうか。人類はやがて、「最後の発明」にたどり着いてしまうのか。

自分自身を改良する能力を持つ人工知能、そしてそれがもたらす「知性の爆発」が起こるかどうかにかかわらず、人工知能がこれから発展することによって人類の「存在論的危機」(existential risks) が起こるという考え方がある。

人工知能の発達によって、人類が滅亡してしまうのではないかという危惧は、シンギュラリティが起こるかどうかに関係なくリアルなものだと言わざるを得ない。

その根本的な理由は、人工知能の「狭さ」にある。

『2001年宇宙の旅』の中で、スーパーコンピュータの「HAL 9000」は、任務の遂行のためには宇宙飛行士の一人を「排除」することが必要だという判断をしてしまう。人間から見れば明らかに異常で受け入れがたい選択を人工知能がしてしまう背景には、その「評価関数」(evaluation function) がある。システムがどのようにふるまうべきなのか、評価関数がはっきりとしていることは、人工知能の「鋭さ」にもつながるし、その「狭さ」にもなる。

人間の「常識」(common sense) はなかなかルールで書くことはできない。例えば、仕事の上での「成功」を徹底的に追求しているように見えるビジネスパーソンでも、その評価関数は「成功」だけで尽きるわけではない。

家族が病気になったりすれば、仕事の都合よりもそちらを優先させるかもしれない。趣味の時間を過ごすのが好きかもしれない。そもそも、仕事の「成功」は、金銭的価値だけで測れるものではないのかもしれない。

生命の動きは測り難い。簡単にはその評価関数を決定できないのが人間というものであり、それは生命全体の性質である。生命の「いきいき」とした動きは、特定の評価関数では書きにくい。それをある程度言語化できるのが人間の「常識」である。

人間を含む生命の柔軟さは、特定の評価関数では書ききれないことに由来している。だからこそ、数式では書きにくいし、工学的にも実装しにくい。特定の評価関数の文脈ではとらえきれないからこそ、生物はさまざまな状況に適応して、生きのびることができる。

一方、人工知能の工学的大前提は、何らかの「評価関数」を最適化することである。ビジネスで言えば、稼ぐお金の額や、生産される商品やサービスの量を評価関数とするという設定がなければ、人工知能は学習することができない。逆に言えば、評価関数が設定されさえすれば、それを最適化する上で人工知能は人間など足元にも及ばない能力を発揮する。

人工知能は鋭いが故に狭い。狭いが故に鋭い。

そこに、人類にさまざまな災厄をもたらすかもしれない「パンドラの箱」(Pandora's box) が開いてしまうかもしれないリスクがある。

ペーパークリップをつくり続ける人工知能

人工知能がもたらす人類の存在論的危機について先駆的な論考をしてきたニック・ボストロム（Nick Bostrom）は、このような人工知能の「狭さ」が、まさに人類の存在論的危機につながると考える。

人工知能の「狭さ」を象徴する思考実験としてボストロムが議論しているのが、「ペーパークリップ」をつくり続ける人工知能である。

ペーパークリップは、確かに役に立つ。私がケンブリッジ大学に留学していた時の恩師のホラス・バーロー（Horace Barlow、進化論のチャールズ・ダーウィンのひ孫）は、ある時、お茶の時間に私の前に座って届いていた封筒を次から次へと開け、次から次へとゴミ箱に捨てていた。そのようにして、瞬時に不要なものを判断していたのである。

そんな中、ある封筒の中から書類を取り出すと、ペーパークリップだけを指でつまんだ。そして、「この封筒の中で役に立つのは、これだけだ」と言うと、それだけをポケットに入れて書類はゴミ箱に捨ててしまったのである。

バーローが言うように、ペーパークリップは役に立つ。それを生産する工場では、いろいろ工夫して効率よく大量のクリップをつくろうとしているだろう。

ボストロムの思考実験における人工知能は、とにかくあらゆる手段を用いてペーパークリップの生産を最大化するのである（「ペーパークリップ最大化知能」、Paperclip maximizer）。現実の世界では、工場でのペーパークリップ生産には、さまざまな前提条件がついている。例えば、需要が落ちているのにペーパークリップを生産し続けても仕方がない。いくらつくっても売れなければ仕方がないので、需要がなくなったらつくるのをやめる。原材料の価格が上がったり、ペーパークリップの市場価格が下がってもつくるのをやめるだろう。工場で働く人の健康や幸せが脅かされるような事態になったら、そちらを守るのが優先で工場の操業は停止されるだろう。

ところが、ボストロムの思考実験における「ペーパークリップ最大化知能」は、そのような考慮を一切なしにペーパークリップをつくり続けてしまう。なぜならば、この人工知能の唯一の評価関数は、「ペーパークリップの生産数」であり、それを最大化するように学習が進むからである。

「ペーパークリップ最大化知能」は、ペーパークリップの生産を最大化するためにありとあらゆる手段を用いるから、次第に人類の文明を破壊していく。自然の中にあるものを材料にすることはもちろん、建物でも、自動車でも、道路の舗装でも、ペーパークリップをつくる上で役に立つものはすべて破壊し、分解してしまう。それどころか、人間でさえ、材料にしたりエネルギー源にするために「利用」してしまう。

やがて、「ペーパークリップ最大化知能」は、地球上をペーパークリップだらけにしてしまう。もちろん、人類はとっくの昔に絶滅している……。

このような記述を読むと、「そんな馬鹿な」、「非現実的だ」と思うだろう。その通りである。実際に、馬鹿らしい。地球上の物質をすべてペーパークリップにして、何の役に立つというのだろう。

しかし、私たちがそのような判断ができるのも、「常識」があるからである。そのような「常識」がない「ペーパークリップ最大化知能」は、とにかくペーパークリップの生産を最大にすることしか考えない。それが唯一の評価関数だからである。

人工知能がもたらす存在論的危機

「ペーパークリップ最大化知能」を荒唐無稽だと思う人は多いだろう。

確かに馬鹿らしい。しかし、ボストロムの思考実験は、人工知能というものの核心をとらえている。人工知能は、与えられた評価関数を最大化することしか考えない。だからこそ鋭い。しかし、ゆえにそのふるまいは狭く、暴走する。

ペーパークリップだから、まだよい。人工知能が軍事に応用されて、「自国を守る」「敵に勝つ」といった評価関数を最大化するようになったらどうなるか。

軍事用ドローンの技術は、すでにかなり進み、実戦でも応用されている。軍事用ドローンは敵国の上空を飛び、常にターゲットをモニターしている。敵対する行動をとる人物を気づかれないように密かに追い続け、機会があれば、レーザー誘導弾で攻撃する。そのようにして確実に、ターゲットにした人物、施設を破壊できる。

現状では、軍事用ドローンの監視映像を見たり、攻撃の最終判断をするのは、遠く離れた基地にいる兵士である。しかし、将来的には、ターゲットになる人物を人工知能で認識し、条件が整ったら兵士が介在しなくても自動的に攻撃するようになるかもしれない。そのような時、生命の尊重という倫理はどうなるのか。

軍事用ドローンの危険はまだ人類の一部に関わる行動倫理の範疇に属するものだが、人類全体の存在論的危機をもたらすのは、人工知能が核兵器やその防御システムに応用された時だろう。

今日、アメリカ、ロシアを始めとする核兵器保有国においては、地球上の人類を何度も絶滅させられるほどの大量の核兵器がミサイルに搭載され、いつでも発射できるように準備されている。いざという時に敵国を攻撃できるようにしておくことが、もし相手を攻撃したら直ちに反撃を受けて自分も滅びるという恐怖を与え、結果として攻撃を思いとどまるという「相互確証破壊」（mutually assured destruction, MAD）の戦略。そのことによって、核大国の間では通常兵器による戦争も難しくなって、皮肉にも平和が保たれてきた。

しかし、「相互確証破壊」を通した「核の平和」（Pax Nuclei）は、あまりにも危ういバランスの下にある。何かがきっかけで相手側が核攻撃をしてきていると誤認して反撃したら、それをきっかけに全面核戦争になるかもしれない。

攻撃の最終的な判断を人間が行っているうちは、まだよい。実際、１９６２年の「キューバ危機」を始めとして、人類は過去に何度か全面核戦争の崖っぷちに立ったが、ぎりぎりのところで人間の理性が働いて、破滅を回避することができた。

核攻撃を察知して反撃する一連の過程が、人工知能によって行われるようになったらどうなるだろう？

例えば、敵からのミサイルが発射されたという兆候を、人工知能が察知し、どこから何発発射されているかを判断して、必要に応じて、人間の介入なしで、反撃のミサイルを発射するとしたら？

核の抑止力を効率的に働かせるという見地からは、このような措置には合理性があるようにも見える。何しろ、人間の判断には時間がかかるし、心許ない。深夜、大統領が眠っている間に敵が攻撃して来たとする。慌てて将校が大統領を起こす。大統領、大変です、核攻撃です。今すぐ反撃しないと、我が国はやられてしまいます。ご決断を、と促す。眠い目をこすりながら、半ば寝ぼけた大統領が、事の重大さにシャキンと目覚め、攻撃命令を下す。しかし、この間、10分とか15分は経過しているだろう。

その10分、15分がもったいないし、即座に反撃したいから、人工知能によって核ミサイルを自動的に発射すべきだ、それなら数秒でできる。そんな論理を振りかざす軍人が出てきたら、一体どうなるだろう。いや、もうすでに出てきているのかもしれない。

核ミサイル発射の判断を人工知能が担うようになったら危うい。人工知能は鋭くて速いが、それは狭いからだ。人工知能は、人類のように遅いが広い「常識」を持たない。

核抑止力の中核に人工知能が導入されるようになったら、人類は、真の意味で絶滅に向けて一歩近づくことになるだろう。人類の存在論的危機が、臨界点に達するのである。

フェルミのパラドックス

全面核戦争以外にも、高度に発達した人工知能をきっかけに人類が絶滅に瀕する可能性はいろいろとある。

例えば、中国の武漢から全世界に広まったとされる新型コロナウイルス（SARS-CoV-2）のような病原体が、人工知能によって設計され、生物兵器として使われるかもしれない。

多くの識者が指摘しているように、SARS-CoV-2はウイルスとして（悪い意味で）「よくできている」。潜伏期間が長く、この間、ほとんど無症状でも他人に感染させる可能性がある。多くの人が軽い症状で治るが、一部重症化する人がいる。一人が何人に感染させるかという基本再生産数（R_0）が高く、さまざまな条件で2以上という評価が多く、一部では「5」と評価する論文まで出版された。

ウイルスのような病原体は、宿主を死に至らしめる力が強すぎると、他人に感染する前に消滅してしまう。かと言ってすべて軽症で終わるのならば、人間社会に大きな影響は与えない。

SARS-CoV-2のように、ある人たちは軽症のまま歩き回り、気づかないうちに他人に感染させ、別の人たちは重症化するというようなウイルスが、人間に与えるインパクトでは一番大きい。

今回のウイルスは野生動物から人間に感染したもので、人工的につくられたものではないとされるが、将来的には感染力や潜伏期間、重症化の確率などを巧みに設計して「生物兵器」として用いる国、勢力が出てこないとも限らない。

ワクチンの開発には時間がかかるが、あらかじめ病原体のウイルスとワクチンをセットで用意しておくこともできる。たとえグローバルなパンデミックが起こっても、自分たちには密かにワクチンを打っておけば助かる。ある勢力がウイルスとワクチンを開発し、自分たちにまずはワクチンを打っておいてからウイルスを撒き散らすような行為に出ないとも限らない。

未知のウイルスの他にも、ますます重要性を増しているサイバー空間の中での攻撃や、人やモノの移動の監視、タイミングのよいフェイクニュースの創出による人心の混乱など、現時点では想像もできないようなかたちで自分と敵対する国、地域の社会情勢を破壊する方法が人工知能を用いて考案されるかもしれない。

軍事技術は、対立の下で、その開発がエスカレートしやすい。どちらも生存上の他の文脈で役立つかどうかを無視して相手を出し抜こうとするため、イギリスの数理生物学者のロナルド・フィッシャー（Ronald Fisher）が提案した性淘汰におけるランナウェイ淘汰（runaway selection）のように、暴走してしまう。

その結果、軍事技術は、クジャクの羽のように、生存する上では大きな負担になったり、意味がなかったりしても維持されるということになりかねない。

敵を破壊するために生物としてのバランスを完全に崩した兵器まで構想する人類の能力は、ある意味ではすぐれているし、別の意味では本能が狂っている。

「終末兵器」（doomsday device）は、人類だけでなく、地球上のすべての生物を死滅させる仮想の兵器である。これまでに、さまざまな終末兵器が考案されてきた。熱核反応によって放射性元素であるコバルト60を大量に放出し、その放射線で地球上に生物が棲めなくしてしまうというのもその一例である。

人工知能は、人間がもともと持っている脆弱性を増幅する装置だと言ってもよい。お互いに攻撃してしまうのは人間の悲しい性質であるが、科学技術が発達する前は、そのような攻撃性はそれほどエスカレートしなくて済んだ。しかし、今や全面核戦争が現実の可能性となり、人工知能がさまざまな兵器の開発に応用され、また兵器そのものに取り入れられてしまうかもしれない状況では、全人類どころか、全生命の生存の危機につながっている。

イタリアの物理学者のエンリコ・フェルミ（Enrico Fermi）が指摘したので「フェルミのパラドックス」（Fermi paradox）と呼ばれている不思議な事実がある。

宇宙のさまざまなところで生命が誕生し、そのうちの一部分は人類のように知性を進化させ、文明を発達させるだろうと推定されるのに、なぜ、地球には「宇宙人」は来ていないのか？　たとえ物理的に到達していないとしても、その活動のシグナルが漏れ伝わってきたり、あるいは積極的なメッセージが届いたりしないのか。

フェルミのパラドックスを説明する仮説はいくつかある。その中で有力なものの一つは、生命体が科学技術を発達させて文明がある段階に達すると、全面核戦争のような存在論的危機が顕在化し、やがて絶滅してしまうというものである。

過去に人類が繰り返してきたさまざまな愚行をふりかえっても、また、近年の人工知能を含む文明の進展がもたらしている不安定性を考えても、科学技術を発達させた知的生命体はやがて絶滅するという仮説は荒唐無稽なものとは思えない。

たとえ、絶滅してしまうとしても、その前にシグナルやメッセージが送られればそれが「痕跡」として残っているのではないかと思われるかもしれない。しかし、もし、文明が発達した後に全面核戦争のような事態で絶滅するまでの時間（「窓」）が短いとするならば、シグナルやメッセージが出る余地がないのかもしれない。

宇宙の各地で誕生、進化しているかもしれない知的生命体の中で、人類だけが特別な存在だとは思えない。もし、「フェルミのパラドックス」が知的生命体全体の一般的な寿命の短さの結果だとすれば、ここまで文明を発達させた人類もまた、絶滅への道を歩んでいるのかもしれない。

イーロン・マスク（Elon Musk）がSpaceXで火星を目指そうとしているのも、人類の地球上での絶滅の可能性を見越して、人口を分散させるためだという。TEDを始めとする国際会議で、マスクは真顔で「人類の分布を拡散することでリスクを避ける」というような話をする。それを聴衆が真剣に聴いている。そのような光景が出てきているのも、人類にとって存在論的危機がそれだけ迫真のものになってきているからかもしれない。

人類はいつかは絶滅し、その歴史は終わるのかもしれない。このようなものの見方、考え方に、キリスト教の「最後の審判」(Last Judgment)のような信仰を背景とした西洋社会特有の「終末論」(eschatology)が投影されているのかどうかということは興味深い問題である。そこには人工知能の「神学」が見え隠れする。

ユドコフスキーの「統合外挿意思」

人工知能の発達を一つのきっかけとして、人類が絶滅を迎える可能性がある。積み重ねてきた歴史の「窓」が次第に狭まっていく。人類が呼吸する「可能性」という「空気」が、次第に薄くなっていく。

そのような終末感と、「シンギュラリティ」の概念が奇妙な共鳴を起こして、人工知能をめぐる議論が先鋭化している。

実際、人工知能をめぐる議論には、ときに驚くほど終末感が漂う。あたかも、人工知能の発達によって、人類の歴史が(そして生命の歴史が)終わりを迎えるのが必然であるかのようである。

そのような宿命論が無意味であることは言うまでもない。未来は不確定である。暗くも、明るくもなる。それを左右できるのは、私たち人間である。少なくとも、模索することはできる。

どうしたら、人類の存在論的危機を乗り越えて、私たちは生存し続けられるのか？　人工知能は、人類を脅かすだけの存在なのだろうか。人工知能がむしろ人類の持続可能性（sustainability）に貢献する道はないのか？

このような問題を考える時には、人工知能研究者であるエリーザー・ユドコフスキー（Eliezer Yudkowsky）が提案した概念が有効になるかもしれない。

ユドコフスキーは人類と協和的に発展していく「友好的な人工知能」（Friendly Artificial Intelligence）の概念を提案したことなどで著名である。変わり者が多い人工知能研究者の中でもユドコフスキーは格別にユニークな存在で、高校にも行かずに独学で研鑽を積んだ。

ユドコフスキーが提案している「統合外挿意思」（Coherent Extrapolated Volition, CEV）の概念は興味深い。これはすなわち、世界が巨大で複雑過ぎて、私たち人間一人ひとりの脳では扱いきれないものになってしまっている時代に、いかにそれを乗り越えるかという工夫であり、提案である。

もともと、一人ひとりの知識、経験に基づく判断は、たとえそれがすぐれたものであったとしても、世界の一部分でしかない。いわゆる「専門家」であっても、問題をすべて見通せるわけではない。

むしろ、専門家だからこそ、一つのことを掘り下げているという利点はあるものの、逆に文脈を超えた全体像が見渡せなくなってしまうことがある。医療の専門家に、パンデミックの際の社会的資源の最適配分を尋ねるのは間違っている。軍事専門家に、外交を任せると悲劇的なことになる。数学の専門家の文学の趣味がいいとは限らない。

ユドコフスキーは、「統合外挿意思」において、一人ひとりの人間ではなく、人類全体が蓄積してきた知識、経験、スキルを文脈や組織を超えて統合して、また、人類の意思や感情の中で最良の部分を動員することを提案する。

「統合外挿意思」(CEV)の手続きが具体的にどのようなことを意味するのかということについては、ユドコフスキー自身の言葉を引用すると、次のようになる。

「『統合外挿意思』を計算する上では、人工知能は理想化された『私たち』が何を望むかを計算する。すなわち、もし『私たち』がより多くのことを知り、もっと速く思考し、自分たちがそうでありたいと願うような人であり、より高いレベルまで共に成長したとしたら、持つであろう『意思』を計算するのである」

In calculating CEV, an AI would predict what an idealized version of us would want, "if we knew more, thought faster, were more the people we wished we were, had grown up farther together".

「意識」(consciousness)は、生命が環境の変化に対していきいきと対応するために欠かせないものであった。それに対して、「統合外挿意思」は、いわば、人類全体としての「意識」経験を立ち上げるようなものである。各部分の計算にとどまらず、全体を統合した認知プロセスを実現することが「意識」の機能だとすれば、ユドコフスキーの「統合外挿意思」は、人類全体において、「意識」の機能を実現することを目指す。そのことによって意思決定の精度が上がるだろうと期待する。

人工知能の発達によって人類の存在論的危機が高まることはリアルな懸念である。それに対して、「統合外挿意思」のようなやり方を研究し、実装することは、人類の活動が持続可能なものになることに資すると言えるだろう。

もちろん、「統合外挿意思」のようなことが理論的に可能かはわからない。また、仮にできるとしても、それを実行することが現実的かどうかもわからない。しかし、新しいテクノロジーやグローバル化が人類社会をますます不安定化している中、「統合外挿意思」を研究テーマとして立ち上げて追究してみることには意義があると言えるだろう。

デジタル全体主義の行く末

もっとも、以上のようなやり方には、原理的な難問も存在している。もし、「統合外挿意思」を用いて、人類全体として最適な選択肢を定義できたとしても、それはやはり一つの行動に過ぎない。ある行動を選ぶということは、それ以外の可能性を排除することを意味する。

すべての人が、みな幸せになるような単一の選択肢は、結局存在しない。その意味で、「統合外挿意思」は万能ではない。むしろ、気をつけないと全体主義や独裁制と相性のよい原理になってしまう。

このことは、政治体制と人工知能の結びつきというより一般的な問題において、きわめて本質的な課題を提起する。

私たちは、社会の全体最適のために、個人の自由やユニークな性質を制限したり犠牲にする方向に行くべきなのだろうか。それとも、うまく一人ひとりの属性は活かした上で、全体の働きを調整するやり方を見出していくのだろうか。

人類全体にとって「最適」な選択肢、行動とは何か、そのような評価関数はそもそも定義できるのか、また定義できたとしてもそのような路線を追求すべきなのかという問題が生じてくるのである。

日系二世の父親と日系三世の母親の間に生まれたアメリカの政治学者、フランシス・フクヤマ（Francis Fukuyama）は、１９８９年に保守系の論壇誌『ナショナル・インタレスト』（The National Interest）に、「歴史の終わり？」（The End of History?）という論考を発表した。また、１９９２年には、この論文を元に、フリープレス社（Free Press）から『歴史の終わり』（The End of History and the Last Man）という著作を出版した。

フクヤマの一連の論考の背景には、１９８９年11月の東西ドイツを隔てるベルリンの壁の崩壊や、１９９１年12月のソビエト連邦の解体などの歴史的事件、これらの出来事に至る一連の流れがあった。

１９１７年のロシア革命に始まるソビエト連邦の建国、その後の資本主義と社会主義の対立は、20世紀の世界史の大きな原動力となった。１９２９年から始まった世界恐慌によって資本主義国の経済が壊滅的な打撃を受けたのに対して、ソビエト連邦の経済は順調に成長したことは印象的な出来事だった。また、第二次世界大戦終結後、東西両陣営が核兵器の開発競争に走って冷戦が深刻化する中、ソビエト連邦が1957年10月に世界初の人工衛星、スプートニク1号の打ち上げに成功したことは、西側陣営にいわゆる「スプートニク・ショック」を与え、宇宙開発競争が激化した。

その後、ケネディ大統領のイニシアティブに始まったアポロ計画でアメリカが1969年、人類で初めて月に到着し、またさまざまなイノベーションで西側諸国の経済成長が加速したあたりから、資本主義国と社会主義国のどちらがシステムとして優れているかという論争には「決着」がついたような雰囲気が支配的になり始めた。

フクヤマの『歴史の終わり』は、そのような状況を背景にして、資本主義、自由主義陣営の「勝利」を宣言するような内容だった。もはや、東側と西側のどちらが体制的に勝っているかという競争には、決着がついた。資本主義や議会制民主主義をとった社会体制が最良のシステムだということが、誰の目にも明らかになった。人類は、哲学者のゲオルク・ヘーゲル（Georg Hegel）の唱えた、歴史的発展を支配する「時代精神」（Zeitgeist）の最終的な目的地に達した。だから歴史は終わったとフクヤマは考えたのである。

『歴史の終わり』が書かれた時点においては、フクヤマの論旨にはそれなりの説得力があった。それから月日が流れ、今や一つの体制、システムが優れているという確信、合意はすっかりなくなってしまっている。

時代の変化を象徴するのが中国の台頭、そして中国社会における人工知能、情報技術の使われ方である。

中国は中国共産党一党が支配する体制であり、複数政党で選挙を行い、政権を争う西側の議会制民主主義とは異質である。近年、中国では個々の市民に関する情報を情報技術で集め、人工知能で解析し、社会の安定や最適化を図る傾向が強まってきている。一人ひとりの評価点（レーティング）に基づいて銀行のローンの借り入れの成否が決まったり、進学や就職の取扱いが左右されたり、高速鉄道や飛行機のチケットが買えるかどうかまで判断されるという方向に社会が組織化されている。

中国では、いわば、全体主義と人工知能の技術が結びついた新しい社会が発展しつつある。このようなシステムを、「デジタルレーニン主義」（digital Leninism）と呼ぶことがある。

ここに、「レーニン主義」とは、ロシア革命を主導し、ソビエト連邦建設の立役者となったウラジミール・レーニン（Vladimir Lenin）の思想に基づくもので、今日の文脈で言えば、複数政党による議会制民主主義ではなく、「人民」の意思を体現した政党による独裁を正当化するような考え方である。

複数の政党が選挙で政権を競い合うのではなく、一つの政党（中国で言えば、共産党）が

「人民」の利益や声を代表し、独占的に政権を担うというやり方は、フランシス・フクヤマが『歴史の終わり』で歴史の「到達点」と評価した議会制民主主義の体制下に住む者にとっては簡単には受け入れがたい点がある。

中国とアメリカとの関係を、新しい「冷戦」ととらえる見方もある。もし、かつてのような「体制間競争」をそこに見るならば、中国のデジタルレーニン主義のようなやり方と、アメリカ的なやり方のどちらが優れているのか、その審判はまだ下っていない。

個人の自由や権利といった価値を問うべきなのはもちろんであるが、経済発展という視点から見て、中国のようなやり方が果たして資本主義国に比べて劣っているのかどうかはまだ明らかではない。

かつてのソビエト連邦のような社会主義国の発展が止まってしまったのは、「計画経済」というやり方に限界があったからであった。

社会の中の人員や資源の配分をあらかじめ見通して計画するというアプローチは、一人ひとりの欲望に基づく利己的な経済活動が資本主義経済の市場競争を通して発展するという西側の体制に比べて活気やイノベーションの契機に欠け、やがては行き詰まるというのは一つの必然であった。

人工知能や情報技術といった新しいイノベーションが普及した世界において、中国的なやり方とアメリカ的なやり方のどちらが経済発展などの指標で優れているのか、直ちには明らかではない。個人の人権や自由などといった側面に目をつぶれば、中国のデジタルレーニン主義は「効率」がよく、社会も安定して、その「発展」にも目立った限界が見られないようにも見える。

フランシス・フクヤマの考えた『歴史の終わり』はどうやら最終的な「答え」ではなかったようだ。

人工知能が発達する世界において、果たして人類が採用すべき社会システムとはどのようなものなのか。全体の調和、利益と、個々人の権利、自由はどのようにバランスがとられるべきなのか。

デジタル全体主義のリスク、そして可能性をにらみつつ、新たな体制間競争が始まろうとしているようにも見える。

ポストヒューマニズムとトランスヒューマニズム

人工知能の発展は、私たち人類が自分たちをどうとらえるか、どのような社会を目指すべきかという価値観の根幹に関わるさまざまな問題を突きつけ始めている。

人工知能を自分たちを映す「鏡」だと思っている限りは、主導権は人間の側にある。しかし、論者によっては、逆に、「鏡」の方が人間を脅かして、やがて乗り越えてしまうと考える人達までいる。

ポストヒューマニズム（posthumanism）ないしはトランスヒューマニズム（transhumanism）の論者は、既存の人間のあり方、文化は乗り越えられるべきだと考えたり、人間は来たるべき機械によって置き換えられるべき、あるいは人間の存在のあり方自体が変わるべきだと考える。

ポストヒューマニズム、トランスヒューマニズムという二つの言葉は、ときに混同され、ほとんど交換可能なものとして使われることがある。これらの概念が比較的新しく、その指し示すことが確定しておらず曖昧であるため、含意について社会的な合意がないことも原因の一つである。

その上で、両者には、次のような差異がある。

「ポストヒューマニズム」は、既存の人間のあり方、人間の築き上げてきた文化、文明を根底から問い直し、その後（「ポスト」）の新しい価値観を志向する。

一方、「トランスヒューマニズム」は、人間の意識を含めた存在を生物的身体から機械的身体に移行（「トランス」）することで寿命をのばしたり、永遠の命を得ようとする。第九章で詳しく論じる脳の状態をコンピュータ内で再現する「全脳エミュレーション」（whole brain emulation）や、脳の情報をすべて機械にアップロードするという「精神アップロード」（mind uploading）といったアプローチが、トランスヒューマニズムの典型的な発想である。

ポストヒューマニズムは、人工知能を私たち人間の存在を映す「鏡」としてとらえるという立場から逸脱して、人間の現状の自己否定の衝動を含む。また、トランスヒューマニズムは、古代のギルガメッシュ（Gilgamesh）神話に見られるような「不死」を求める人間の願望の現代的展開である。

トランスヒューマニズムの初期の論者の一人が、「FM-2030」である。FM-2030は、ベルギーで外交官の子どもとして生まれたイラン系アメリカ人で、本名はFereidoun M. Esfandiaryといった。１９８９年に出版した書籍、"Are You a Transhuman?: Monitoring and Stimulating Your Personal Rate of Growth in a Rapidly Changing World"で、トランスヒューマニズム運動の立ち上げを行った。「FM-2030」は自分で考案して付けた名前で、人間存在に関する固定観念を破るためにそのような行為に至ったのだという。

後に議論するような理由で、トランスヒューマニズムやポストヒューマニズムの論者の視点はおそらくは成立しない。少なくとも偏っている。人間の意識を含めたこの世界の実相をすべて反映した思想ではない。人工知能がもたらす新しい「神学」がもしあるとするならば、これらの論点は「サブカル」的なものにとどまるだろう。

それにも関わらず、トランスヒューマニズムやポストヒューマニズムの論者の中にはとても魅力的に感じられる人物が多い。コンピュータに人間の意識が移行できるとか、ロボットによって人間が置き換えられるというような議論に、視点の偏りや論理的な「穴」を感じつつも、そのような「偏り」の中に生きるその姿に惹きつけられることも多い。

技術的、ないしは文明的な突破は、バランスのとれた成熟ではなく、先鋭的な偏りによって開かれることが多い。偏りこそが動きを生み出すということを私たちは知っているのかもしれない。

もっとも、そのような偏りの運動の先にいつヘーゲルの言う「ミネルヴァのフクロウ」(Owl of Athena) が飛び立ち、どのような新しい世界観を得られるのか、私たちはまだ知らない。

人工知能と新しい「宗教」

人工知能の研究、その技術的展開が興味深いのは、それが伝統的な意味での科学的発見や、文明の発展につながるだけでなく、人間とは何か、意識とは何か、そもそもこの宇宙のあり方とはどのようなものかという「神学」的な領域にも抵触するからである。

人工知能が「シンギュラリティ」を迎える可能性が顕在化するにつれて、私たち人類は新しい価値観、新しい「宗教」のようなものさえ手に入れようとしているかに見える。

今日における世界の「知識人」の多くは、「無神論者」(atheist)を標榜している。イギリスの進化生物学者、リチャード・ドーキンス(Richard Dawkins)はその著書『神は妄想である』(The God Delusion)の中で既存の宗教を批判して、人間がいかに行動すべきかは宗教とは無関係に導き出せると主張している。リチャード・ドーキンスや哲学者のダニエル・デネット(Daniel Dennett)らが推進している「ブライト運動」(Brights movement)は、科学的思考に基づいた、世俗主義的な価値観で人間の社会を構築していくべきだと主張する。

現代を私たちが生きる上で、特定の信仰が不可欠であるわけでは必ずしもないだろう。その一方で、生きることの不思議、意識を持つことの謎、この宇宙が誕生してここまで進行し、私たちが今ここにいること、宇宙や意識、知性についてこのような問いかけをしているという事実に対する驚異の念は抑えがたい。

1962年に出版された著書『沈黙の春』(Silent Spring)で現代の環境保護運動への道を切り開いたアメリカの生物学者レイチェル・カーソン(Rachel Carson)の言う、私たちが世界に対して感じる驚異の念、畏怖の気持ちを指す「センス・オブ・ワンダー」(sense of wonder)は、ドーキンスを始めとする合理主義者らも認める私たちの自然な感情であろう。

広義の宗教とは、つまりは人間が生きることの意味や、この世界のあり方、さまざまな価値観を整理、統合しようとする試みである。その意味では、宗教は、「意識」の最も本質的な働きの一つであると言ってもよい。

宗教的体験に関する脳科学の研究データを参照すると、身体性や倫理的判断に関わる頭頂葉の部位や、側頭頭頂接合部（temporoparietal junction、TPJ）の関与が示唆されている。つまりは、宗教性は身体性や倫理的判断と深く結びついている。

もっとも、宗教性の本質、とりわけ、それが意識や自我と関わる「計算論」においてどのような役割を果たすのかということは、関連する脳領域を見るだけでは解明が難しい。ここに、「計算論」とは、脳の部位がどこかということだけではなくて、「私」の「自己意識」や「感情」、「価値観」、「認識」などのさまざまな要素が統合されて、どのように「宗教」が脳内で生み出されていくのか、その具体的なプロセスを指す。このような計算論の実質に入ろうと思ったら、脳活動のイメージングとは別個の洞察が必要である。「悟り」を含む宗教的体験に対する科学的アプローチでは、その具体的な（計算論的な）内容に踏み込むことは難しい。

人工知能の発展は、ふしぎな理路で、人間の最も根源的な不可思議、畏怖、「神」や

「宇宙」といった概念に抵触するところがある。人工知能は、いわば、「裏口」から人間の宗教観を揺るがす。人工知能が私たちの精神性に与える影響を見極めるためには、脳の統合作用を担ってきた意識のメカニズムを真剣に検討する必要がある。そこで中心的な課題になるのが「人工意識」(artificial consciousness) の可能性だろう。

人工意識の成否は、単に私たちの主観性の複製をつくるというだけにはとどまらない。人工意識は、もし実現すれば人類の価値観全体を揺るがすとともに、多様な知識、スキル、世界観、価値観の統合作用のメカニズムを提供することでユドコフスキーの言う「統合外挿意思」のメカニズムを与え、結果として人類の社会全体の安定性、人類の持続可能性にも貢献する可能性があるのだ。

ところで、シンギュラリティを迎えた人工知能が、人間の、あるいは人間を超えた宗教的、神学的次元に直接的に接続する方法が一つある。

それはすなわち、人工知能が、宇宙の創成やその終焉に関する自然法則を理解し、新しい「宇宙」を創ってしまうことである。今日、宇宙はビッグバン (Big Bang) から始まって、その後のインフレーション (inflation) を経て現在の姿に進化してきたとされているが、そのような宇宙のスタート地点を与えて、その後の時間や空間のダイナミクスを制御する自然法則を理解し、それを何らかの方法で実装することができれば、人工知能は「宇宙」を創ってしまうことができるようになる。

その時、人工知能はまさに「神」になってしまうだろう。なぜならば、操作的に見た「神」の定義とは、一つの「宇宙」を創る存在のことだから。

そもそも、「神」とはどんな存在であるのか？　善悪を判断する存在であるとか、善き行いに対しては報い、悪しき行いに対しては罰し、あるいは祈りに対してその願いを聞き届けるなど、さまざまな「神」のとらえ方があるだろう。

しかし、「神」とは、定義によって、この宇宙を創る存在であって、そのことに尽きているとも言える。逆に言えば、宇宙を創ってさえしまえば、その後は宇宙の中で何が起ころうとも関与しない、そもそも「目撃」すらしないということもあり得る。

極端な場合、いったん宇宙を創ってしまったら、自分の子どもに一切関心を持たない親のように、宇宙を放りっぱなしということもあり得る。そのことが、古来人間を悩ませてきた、「神の沈黙」（The silence of God）の実態であるという可能性もある。

以上のように考えれば、「神」の操作的な定義は、「宇宙」を創ることでありまたそれに尽きており、人工知能がそのような意味での「神」になる可能性はあると言えるだろう。

実際、私たちの住んでいるこの宇宙が、どこかの高度に発達した人工知能がつくった「シミュレーション」の中で生まれているという仮説（シミュレーション仮説、Simulation hypothesis）までもが、一部の論者によって真剣に検討されている。

人工知能の神学をめぐる人類の探究は、そこまで先鋭化し、深化している。人工知能という「鏡」に、私たち人間の存在、その意識だけでなく、神や宇宙までもが映り始めている。

第八章　自由意志の幻想と身体性

自由意志の重要性

第五章で議論したように、環境の中でさまざまなことを感じ、認識し、「いきいき」と行動する生きものの働きを支える上で、「意識」は重要な役割を果たしている。

意識のさまざまな属性の中でも、「自由意志」(free will) は、ある意味では最も根本的な問題である。

意識の属性を、クオリアに満ち、オーバーフローによって特徴づけられる「感覚」と、自分の行動や決断を自由に選択できるという「行為」の部分に分類した場合、生物としての進化の過程での淘汰圧により直接的に関わるのは「行為」の部分である。つまり、世界のことをどれだけ感じ、認識できていたとしても、それが具体的な行動に反映されなければ、生きる上では役に立たない。

クオリアは、意識の謎を「感覚」の側から象徴する。意識の中で感じる「赤」の「赤らしさ」は、どうとらえたら通常の科学的アプローチに結び付けられるのかなかなかわからない深いミステリーである。脳の物質としてのふるまいは、すべて、数で表すことができて、数式で記述できる。その脳から、数字では表せない「赤」や「冷たさ」といったクオリアがどのように生まれるのかを説明することがとてつもなく難しい。

クオリアは、デイヴィッド・チャーマーズ（David Chalmers）が言うところの意識の「ハードプロブレム」（hard problem）の核心だ。ここに、ハードプロブレムとは、意識がどこに注意を向けるのかとか、言葉の文法がどうやって脳の中で処理されているのかといった、現在のコンピュータ・サイエンス、認知科学などのアプローチでも解けそうな問題と異なり、どう解いたらいいのかが、現時点では原理的にもわからない問題を指す。

イギリスの哲学者、コリン・マッギン（Colin McGinn）のように、人間の思考には限界があり、それは認知的閉鎖（cognitive closure）の中にあるから、意識の問題を人間が解くことは原理的に不可能だとする論者もいる。

クオリアのような意識のハードプロブレムは重要だが、生きものとしての適応度に直接関わるのは、「自由意志」である。どのように選択し、行動するのか。その柔軟さと自由さが生物学的に見た意識の最も重要な属性となる。

「自由意志」に基づいて生きる上で有益な選択をすることができるならば、そのような生物は自由意志を持たない生物と比較して進化の過程で優位になる。逆に、どれだけ豊かなクオリアに満ちた意識が生まれていたとしても、その結果として自由かつ柔軟に自分の行為を選択し、遂行できなければ、生存上の利益はない。

何を食べものとして選択するか、敵に襲われた時にどのような行動をとるか。交配の相手として、誰を選ぶのか。「自由意志」の存在下で、このような選択がもし柔軟かつ適切なかたちで行われると、生物としての適応度は上がる。したがって、「自由意志」があるということは、私たちの生物としてのあり方の基本中の基本であるということができる。

もちろん、自由意志にも、主観的な「クオリア」の側面がある。自分が自由に行動を選択できるという感覚、「自由意志のクオリア」がある。

一方で、自由意志の結果としての行動の柔軟さ、適切さは「いきいき」とした生物のふるまいにつながり、客観的な視点からとらえられる性質である。とりわけ、進化生物学的に見た意識の意義は、「自由意志」に尽きると言ってもよい。

生物学的な視点、科学的アプローチから意識の問題に接近する者は、必ず「自由意志」というテーマにたどり着くことになる。

ノーベル賞学者を魅了した「自由意志」の謎

脳の研究者が「自由意志」の問題に対して抱く強烈な思いを、私はふしぎな経緯で知ることになった。

私は、大学院の博士課程を終えた後、理化学研究所で脳科学の研究を始めた。その際に指導してくださったのが、小脳（cerebellum）の研究で世界的に知られていた伊藤正男先生だった。神経細胞どうしを結ぶ「シナプス」において、伝達効率が落ちる「長期抑圧」(Long Term Depression, LTD)と呼ばれる現象を発見したことが世界的に高く評価されていた。

私の師匠である伊藤正男先生のさらに師匠さんが、シナプスにおける情報伝達のメカニズム、とりわけ「抑制性シナプス後電位」(Inhibitory PostSynaptic Potential, IPSP)の研究で1963年にノーベル生理学・医学賞を受けたオーストラリアの神経科学者、ジョン・エックルス(John Eccles)だった。伊藤先生は、オーストラリアのエックルスの研究室に留学していたのである。

エックルスは、電極を脳に刺し、神経細胞の活動を拾う「電気生理学」(electrophysiology)という、神経科学の中でも最も王道となる、しかし地道で手堅い分野を対象に研究していた。そのエックルスが、ある時期から意識の謎に興味を持つようになった。そして、中でも、「自由意志」のことに関心を持ち、さまざまな論考を発表するようになったのである。

哲学者のカール・ポパー(Karl Popper)とも、共著『自我と脳』(The Self and Its Brain: An Argument for Interactionism)を著し、その中で二元論的な世界観を強く主張するに至った。

ポパーといえば、科学哲学の大家であり、とりわけ、科学は「反証可能性」

（falsifiability）を満たさなければならないという厳しくかつ禁欲的なテーゼで知られた人だった。

ここに、「反証可能性」とは、ある仮説があった時に、それが「正しくない」ことを示す手続きが与えられていることを指す。

例えば、世の中には「霊魂」があって、それはこの世界の「物質」とは一切相互作用がないのだという「霊魂実在説」があったとする。「霊魂」は至るところにあるのだけれども、物質と相互作用しないでふわふわと通り抜けてしまうので、私たちは気づかないとする。

もし、そのような「霊魂」が仮に存在したとしても、その存在を実験で「否定」することができないので、以上のような「霊魂実在説」は科学の対象にならない。「反証可能性」は、科学について保守的な立場をとる人たちがしばしば持ち出す基準であり、その基準に従えば、これまでに提案されてきた意識に関する多くの仮説は「科学」ではないことになる。

そのポパーがエックルスと対話した『自我と脳』は読み応えのある本であり、私の学生時代からの愛読書であった。

ポパーとの対話の中で、エックルスは二元論的な世界観を展開している。ここに、二元論（dualism）とは、端的に言えば、心は脳とは独立に存在するという考え方である。さらに言えば、脳が消えても、心は残って存在するという考え方である。

エックルスの考えによれば、心は脳と独立した存在である。そして、心は、物質である脳に作用する。その作用の場所は、神経細胞と神経細胞を結ぶシナプスである。ここにおけるプロセス、とりわけ、量子力学的な効果を通して、心は物質である脳に作用する。これが、人間の「自由意志」のメカニズムである……。

エックルスの心と脳の関係、自由意志に関する考え方は、控えめに言っても「大胆」なものである。物質である脳に人間の意識が作用する機序も、伝統的な科学の枠組みから考えるとそれを受け入れることは難しい。

それでも、電気生理学という地道で手堅い学問で大きな成果を上げたエックルスが、後年になって二元論的な自由意志の理論を唱えるに至ったことは大変興味深い。そのような説を主張することによって、ノーベル賞受賞者といえども、自らの科学的評判を危うくするかもしれないことはわかっていただろう。一体、なぜ、エックルスはそのような考えを持つに至ったのか。

エックルスは、自分の考え方に真実があることを確信していたようである。ある文章の中で、エックルスは意識と脳の関係について興味を持ったきっかけは、思春期に出会ったある強烈な経験だったということを告白している。ただ、それがどのような経験だったのかは、誰にも言ったことがないのだという。

伊藤先生にエックルスのこと、とりわけ、晩年の意識研究のことを尋ねたことがある。伊藤先生は留学を終えた後も折に触れてエックルスに会っていたようだった。また、エックルスの本を日本語に翻訳したりもしていた。

エックルスの意識研究について尋ねると、伊藤先生は、多くを語られなかった。ただ、ニコニコと笑いながら、「ああいう問題に興味を持たれるから、エックルス先生は偉いんだよ」とおっしゃった。

エックルスが晩年、意識の問題、とりわけ自由意志の問題に興味を持って研究していたことに対して、伊藤先生は、偉大な神経生理学者の「逸脱」ではなく、むしろその生涯の科学的探究の自然な延長としてとらえていらっしゃるようだった。

自由意志と身体性

自由意志を意識の中核においてとらえることは、とかく「主観」や「自意識」などに偏りがちな意識に関する議論を、より現実的で、物理的、客観的にとらえられる側面へとつなげてバランスを回復する上で大きな意味がある。

「私」が「私」であるという「自己意識」(self-consciousness)の問題は、意識において最も重要な問題の一つであることは疑いない。意識の現象学に沿って考えれば、「私」が世界にいることだけは疑えないが、他のすべては仮説に過ぎない。

このような立場から、いわゆる「独我論」(solipsism)の哲学を展開する論者もいる。古代ギリシャのゴルギアス(Gorgias)、「我思う故に我あり」(Cogito, ergo sum)と洞察したルネ・デカルト(René Descartes)、ジョージ・バークレー(George Berkeley)、現代日本の永井均などが独我論的傾向を持った論者である。

独我論を含めた「自己意識」をめぐる議論は大切だし、「意識」の最も重要なテーマでもあるが、それだけでは意識に関する議論を科学の土俵に接地させることはできない。科学的アプローチ、とりわけ生物学や進化論の見地に接続する上で重要なのは、意識の下での「行動」である。

生物は、「いきいき」と動き、驚くべき器用さ(dexterity)を見せる。ジグザグに飛んでホバリングするトンボも、魚を見つけて急降下する海鳥も、サバンナを駆け抜けるチーターも、みな、驚くべき動きの器用さを見せる。そのような運動の巧みさ、適切さに表れる「知性」のあり方もある。

知性を「認知系」と「運動系」に分けたとするならば、生物現象としての「意識」はその両方にまたがっている。環境をどれほど深く、精緻に認識し、分析したとしても、そのような「認知系」の知性が高いだけでは、生きる上では役に立たない。「認知系」から「運動系」への「スループット」のすべてに関わって初めて、「意識」は生きる上で役に立つ機能になる。

人工知能に関する現状の研究は、情報を分析したり、パターン認識したり、そこから推論したりするというような「認知系」の知性に関しては進んでいるが、身体運動の「器用さ」を人工的に実装し、それを駆使する「運動系」の知性はまだまだ不十分なレベルである。

将棋の棋士で言えば、次に指すべき手を選択するのは「認知系」の知性である。このような知性に関して言えば、ディープマインド社の開発した人工知能アルファゼロが、すでに人間をはるかに凌駕している。

しかし、「運動系」の知性については人工のシステム（ロボット）は人間にまだまだ及ばない。現在のところ、もっとも巧みに動くロボットをつくっている研究グループの一つ「ボストン・ダイナミクス」（Boston Dynamics）の「作品」も、人間はもちろんのこと、巧みな運動を見せる野生の「哺乳類」や「昆虫」、「鳥」などに比べるとはるかに及ばない。

運動系の知性の問題は、一般に認知のプロセスに与える「身体性」（embodiment）の影響の一つであると言える。第五章では、「身体性」が抽象的な数学の概念にどのように影響を与えているかということを論じた。

一般に、知性に与える「身体性」の影響は、数学を含めた抽象的、概念的、言語的な「認知的」知性に対するものを中心に考えられることが多い。つまり、あくまでも主役は「認知的」知性であり、その可能性や制約を決めるのが「身体性」だという考え方である。「身体性」と「認知的」な知性は距離が遠いように見えるけれども、それがつながっているのが興味深いというわけである。「直観」や「ひらめき」に「身体性」が影響を与えるというような議論も同じである。

この他にも、温かい飲みものを持っていると他人のことを思う「利他性」（altruism）が増したり、誰かの履歴書を読んでいる時にその紙が重いバインダーに綴《と》じられているとより重要な人物であると評価したり、口角を上げていると情報をより楽観的に解釈したりといった「身体性」の研究が知られている。これらのすべては、抽象的、概念的、言語的な「認知系」の知性が、どのように「身体性」によって影響を受けているかという視点からの研究である。

イギリスの発達心理学者、ジョン・ボウルビィ（John Bowlby）は、人間の成長において大切な他者から与えられる「安全基地」（secure base）、及びその他者に対して感じる愛着

(attachment) が大切であることを明らかにした。他者に対する愛着スタイル (attachment style) は、「身体性」と深く関わっていることが明らかになっている(高野委未、茂木健一郎による2019年の論文)。

しかし、本来、「身体性」の本領はその運動にあるはずである。どのような行動を選択し、それをどれくらい器用に実行できるかということに表れる「知性」が、生物としての適応度に重大な影響を与える。そして、そこにはもちろん意識が「自由意志」を通して関与している。

倫理と身体性

身体性は、生物の「器用さ」に関係するだけでなく、より高次の「倫理観」とか、人格 (personality) などにも深く関係してくる。

いかに生きるべきか、何が正しくて何が正しくないのか、これは難しい問題である。多くの場合、倫理的な判断は、何が正解なのかが容易にはわからない「不良設定問題」(ill-posed problem) でもある。

例えば、自動運転技術と関連して注目されている「トロッコ問題」(trolley problem) でも、私たちは簡単な答えのない問いに向き合わなければならない。

トロッコが暴走している。その先の線路には、5人の人間が立っている。レバーを切り替えれば、違う線路に走っていって、5人を救うことができる。しかし、その結果、切り替わった先の線路に立っている1人が犠牲になる。

このような状況下で、あなたはどうするか？　レバーを切り替えて5人を救い、その代わり1人を犠牲にするか？　これが「トロッコ問題」である。

トロッコ問題が注目されるのは、現在盛んに研究が進み、また実用化の日も近い自動運転車（self-driving car）を制御するアルゴリズムとの関係性が深いからである。自動車を運転している状況下で人間はどうふるまうのか、実際にどうふるまってきたのか、その際に基準となっていることとは何か、一つひとつの運転の選択を決めている「評価関数」は何か。自動運転車は、最良の人間のドライバーならばどうふるまうかを下敷きにして、その運転アルゴリズムを決めなければならない。

「トロッコ問題」のような倫理判断においては、人間の「身体性」が重要な役割を果たしている。

レバーを切り替えて暴走するトロッコの走る線路を変え、1人を犠牲にする代わりに5人を助ける。犠牲になる人の数が減った方がよいような気がするから、レバーを切り替える方がよいと考える人も一定割合いる。

しかし、暴走するトロッコが走る線路の上にかかる橋の上にいる太っちょの男を自ら押し、トロッコの前に落として止めることで5人を救うという設定にすると、自らそれをやるという人の割合はぐんと減る。

「レバーを切り替える」という行為と、「自ら太っちょの男を押して落とす」という行為では、自分の身体性の関わり方が違う。後者の方がはるかに強い抵抗感があるというのが多くの人の直観だろう。脳の頭頂葉の身体イメージの回路や、前頭葉の運動野、運動前野などの回路の活動が全く異なる。身体そのものや、その運動といった「身体性」に関わる回路が、トロッコ問題における判断を変える。

さらに明示的に、脳の中で「倫理」の判断に関わる回路は、身体性と深く結びついていることを示すデータがある。頭頂葉と側頭葉の間をつなぐ役割を果たしている側頭頭頂接合部（Temporoparietal junction, TPJ）は、何が正しく、何が正しくないかという倫理的な判断に関わる他、身体関連の情報を処理していることがわかっている。興味深いことに、自分自身の身体を外から眺めているという体験（体外離脱体験、out-of-body experience）においても、側頭頭頂接合部の活動が関与していることがわかっている。

人間の倫理判断には身体性が深く関わっている。このことは、自らの未来を自ら選ぶ「自由意志」の成り立ちを考える上で、重大な意味を持つ。

倫理の難問

一般に、倫理の判断においては、そう簡単に「正解」がわからないことが多い。

自動運転車の技術が進んで、その制御アルゴリズムが洗練された高度なものになっても、残念ながら事故が完全にゼロになることはない。なぜならば、道路を走行している時には、「相手」の行動に伴うリスクが避けられないからだ。

日進月歩の人工知能。自動運転に応用される人工知能も、発展が目覚ましい。パルス状のレーザー光線を周囲に発射し、その散乱光の解析から周囲にあるものとの距離を計測するライダー（LIDAR, Light Detection and Ranging）の技術などを使って、できるだけ安全なかたちで運転を行う。認知的な見落としや、注意力の散漫が起こりやすい人間よりも、自動運転の方が信頼性が高い。将来、過去にはなぜ人間に運転させていたのかと疑問に思う時が来ないとも限らない。

しかし、どれほど自動運転の技術が進んでも、運転の仕方に簡単な「正解」はない。例えば、自動運転車が道路を走行中、物陰から急に子どもが飛び出してきたとする。子どもを避けようとすると、自動運転車の乗客を危険にさらすかもしれない。一方、子どもの危険を顧みずに、乗客の安全を最優先するような自動運転車のアルゴリズムを認めることは、社会的な合意形成が難しいだろう。

状況によって、事故が避けられない時、何を優先させるべきか。若い人とお年寄り、女性と男性、社会的地位のある人と学生、お金持ちと庶民、見知らぬ人と知り合い、医者と弁護士、すでに怪我をしている人と無傷な人。さまざまな状況と、巻き込まれる人のさまざまな属性で、誰の健康や命をどれくらい尊重して運転すべきなのか、その「評価関数」をどのように考えるかはそんなに簡単ではない。もっとはっきり言えば、正解のない難問である。

完全自動運転が普及しても、ときには事故は避けられない。そのような際に、いかにコントロールしながら衝突するかという研究も提案されている。コントロールされた衝突において、最優先されるべきものは何か。人命か、怪我の程度か。もし高価な車だったり、文化財的に価値の高い車だったら、物質的損害を出さないこともある程度考慮されるべきなのか。

人工知能は、何をどれくらい優先するかという「評価関数」が与えられなければその運転制御ができない。もちろん、人間がそれを明示的に与えなくても人工知能が自律的学習によって優先順位を獲得することもできる。また、人間がどのように選択しているのかを多数の事例（ビッグデータ）から人工知能が学習することもできる。

将来、自動運転技術が進み、人間の手を介さない完全自動運転が実現したとしても、その人工知能が何を優先させるべきかというアルゴリズムの具体的な内容が開示されるべきか否かという問題もある。

自動運転車が、どのようなアルゴリズムで運行されているのかが明らかにならないままに、都市の中の通りを走り、自動運転車に私たちの安全と命を委ねることになるのは受け入れにくい。しかし、だからと言って、自動運転車がどのようなアルゴリズムで、何を優先させて走っているのかが明らかになってしまうことも、人間には耐え難いだろう。

例えば、通りに飛び出してきた子どもよりも、自動運転車に乗っている自分の安全の方を優先しているアルゴリズムがよいと、自ら認め、宣言できる人間がどれくらいいるだろうか。調査データによれば、自動運転車はすべての人の安全を平等に扱って、車に乗っている人の安全を特に優先すべきではないと答える人が多いものの、自分がそのような平等な自動運転車を買って乗りたいかと聞かれるとためらう人が多いという。

選択の基準が不明でも、不安になる。基準が明らかにされ過ぎても困る。自分がどのような評価関数で行動しているのか、何を優先しているのかが明らかになってしまうことに人間は耐えられない。ここには、明らかに行き詰まりが避けられない「アポリア」(aporia)がある。

ピュリッツァー賞を受けたアメリカの作家ウィリアム・スタイロン（William Styron）の小説『ソフィーの選択』（Sophie's Choice）の中で、主人公のソフィーは、自分が第二次世界大戦中に強制収容所で強制された恐ろしい「選択」を回想する。ナチスの将校に目をつけられたソフィーは、自分の二人の子どものうち一人を選ぶように迫られる。どちらかは助けてあげるけれども、もう一人はガス室に送られなければならない。そんなことは選べないと拒否するソフィーに対して、将校は、もし選ばなければ二人とも死ぬことになると脅す。

兵士に二人の子どもを連れていかれそうになったソフィーは、とっさに二人のうち一人を選んでしまう。映画化された『ソフィーの選択』の中では、メリル・ストリープがソフィーを演じている。この強制された選択の場面は、悪魔的で恐ろしい。ソフィーはこの体験が心的外傷となり、後に自我が崩壊してしまう。

身体性と意識、無意識

人間の倫理感覚は、その根拠や実際のバランスを突き詰めていくと実はたいへん難しい。

私たちの自由意志は、その詳細を本人も知らないこと、そして身体性と結びついた「直観」によって支えられることで成立している。

もし、自分が従っている価値判断、評価関数を明らかにしてしまうと、私たち人間の自我はときに崩壊してしまう。

『ソフィーの選択』のソフィーがそうだったし、夏目漱石の『こころ』で、「先生」が「お嬢さん」との恋と「K」との友情の狭間で選んだ道もそうだった。『こころ』では、「先生」は「K」を犠牲にして「お嬢さん」と結ばれるが、その良心の呵責が結果として「先生」を追い詰めることになる。

ソフィーの選択も、『こころ』の「先生」の選択も、人工知能ならば、その与えられた「評価関数」に基づいて何の「悩み」も「痛み」もなしに行っていたかもしれない。人工知能の「ソフィー」も、人工知能の「先生」も、何の良心の呵責もなしに生活し続けていたかもしれない。しかし、人間はそういうわけにはいかない。

人間の選択が、その背後にある「評価関数」を明示しないかたちで、いわば「直観」として行われていること、基準が明確化されてしまうと、本人にとっても、人間関係においても多くの場合に壊滅的にマイナスな影響が及ぶことの中に、意識のなりたちや人間のあり方を考える上で重大な「ヒント」がある。私たちは皆、夏目漱石が、『三四郎』の中の登場人物、美禰子《みねこ》を評した言葉を借りれば、「無意識なる偽善者」（アンコンシャス・ヒポクリット）なのだ。

身体性（embodiment）は、その背後にある評価関数を「無意識」の下に隠蔽し、意識はそれを前提に何を選ぶのかというアーキテクチャーになっている。もし、将来人工知能の研究が発展して「人工意識」の研究、実装が行われるようになるとするならば、このような身体性と倫理の関係が重要な目標の一つになるだろう。

ライダー（LIDAR）の技術などにより、人工知能、及びそれに基づく自動運転の技術は、人工知能が人間の知性に追いつき、追い越すかというような「シンギュラリティ」をめぐる議論が無効になるくらい発展していくと予想される。

人間の視覚は、さまざまなことを手がかりに対象までの距離や、そこに接近するスピードなどを読み取る。そこには膨大な経験則の積み重ねがあるけれども、正確さには欠ける。

一方、ライダーは、対象までの距離を数字的なプロフィールとして正確に把握してしまう。しかもそれをリアルタイムでアップデートする。このようなシステムに基づく人工知能の運転技術は、近い将来、人間をはるかに凌駕する可能性が高い。

しかし、人工知能が「シンギュラリティ」をめぐる議論を事実上無意味にするくらい、はるかに人間を超える能力を持ったとしても、倫理をめぐるやっかいな（いかに、ある評価関数に基づいて判断、行動しつつ、そのことを隠蔽し、詳細にとらわれなくするかという）課題は残る。

身体性は、このような倫理をめぐるやっかいな課題の一つの自然な解決を与えている。人工意識の研究、開発において、身体性が一つの重要な指標になる所以である。

選択の安定化装置としての「意識」

人工意識の研究、開発は、人工知能の今後の安定化、持続可能性にとって大切な課題になる可能性がある。

人間の脳を観察すると、重大な倫理的判断については意識を参照するようなアーキテクチャーになっている。すなわち、意識は、判断、行動における一つの「安定化装置」(stabilizer)として働いている。

いかに行動すべきかという判断、及び意思決定は、私たちが生きる上で最も重要な認知プロセスの一つである。歩いたり、呼吸したりというような行為ももちろん大切だが、たいていの場合無意識に行って構わない。文字を書く、言葉をしゃべるという行為も、具体的に手や口をどのように動かすかという点においては、無意識に行われる。

しかし、人生の分岐点になるような判断、決断については、私たちの全人格が問われる。これまでの体験や、自らの価値観、今後どのような方向に行きたいかというヴィジョンなど、さまざまな情報を脳内で統合しなければならない。そのような全脳的な統合作用において、意識が本質的な役割を果たす。

意識の基本的な性質である「アウェアネス」(awareness)の中でさまざまなクオリアがあふれる「オーバーフロー」もまた、倫理的判断に大きな影響を及ぼす。判断や選択をするためには、環境の様子を全体として把握しなくてはならない。そのためには、環境のさまざまな因子が、クオリアとして意識に把握されていなければならない。

例えば、子どもが勉強をしていないからと言って、一方的に叱るべきなのかどうか。悩む親は多いだろう。そんな時にかける言葉や、親としての態度の決定の質は、状況をクオリアの集まりとしてどれほど広く、深く把握できているかにかかっている。子どもが疲れていそうだとか、ゲームをいかにも楽しそうにしているとか、表情に悩みの気配があるとか、そのようなことを意識の中の「アウェアネス」で「オーバーフロー」として受け止めることで、判断の質を上げることができる。

最近、創造性を育む上で注目されている「マインドフルネス」(mindfulness)は、オーバーフローの中で感じられるさまざまな要素に対してバランスよく注意を向け、価値判断なしにそれを受け止める心の持ち方である。前頭葉を中心とする注意、判断の回路の働きでマインドフルネスが実現する。マインドフルネスはもともとは禅宗における瞑想の伝統の中から出てきた言葉だが、最近では日常生活における心の持ち方を含めた脳の働きを指す概念として注目されている。

何かを選択、判断する時に、自分が受け止めていること、感じていることのできるだけ多くの要素をバランスよく把握することで、結果として選択の精度が上がり、システムが安定化する。

典型的には、何かをしようとする選択肢は、意識ではなく無意識が用意する。その際、どのような価値基準、評価関数でその選択肢が用意されたのかという詳細は、「身体性」の一般原理によって、意識は必ずしも把握しない。

選択の基準を明示的に把握しないことは、好ましくないことのように思われるかもしれない。しかし、ある選択に至る価値観、評価基準は、どれほど精緻に準備されていたとしても、「生きる」という現場性全体から見たら狭すぎることが多い。その「理屈」にとらわれないためにも、敢えて「中身」は見えない方がよい。

一般に、意識の特徴は「統合された並列性」(integrated parallelism)にある。その本質は超領域性、超文脈性である。このプロセスを通して、脳は、ある領域における情報処理に、他の領域における情報処理が反映されるようなメカニズムを実現している。

このような意識の特性を支えているのが、任意の神経細胞から、別の任意の神経細胞へと、少数のシナプス結合を通して至ることができるという、脳の神経細胞の回路網が持っている「スモールワールド・ネットワーク」(small-world network)性である。

ローカルな結合と、グローバルな結合、規則的な結合とランダムな結合が入り混じると、「スモールワールド・ネットワーク」となる。脳の神経回路の活動の統合作用を担う意識にもまた、スモールワールド・ネットワーク性、「統合された並列性」が反映される。

意識の持つ「統合された並列性」がもっとも先鋭的に表れるのが、倫理的な判断である。なぜならば、倫理的な判断には、その人の人格(personality)に関わる、さまざまな要素が関与してこなければならないからだ。

人格(personality)に関わるような情報処理は、その習慣化、モジュール化が困難な側面がある。原因の一つは、人間が「人格」を通して向き合う状況、課題が多くの場合非典型的であり、人生で一回しか出会わないような、「一回性」(onceness)の領域に属するからである。

そのため、倫理的な判断においては、常に、領域横断的な認知プロセス、判断が必要になる。「ソフィー」の選択や、『こころ』における「先生」の選択は、高度に意識的であり、全人格的である。そのような重大な選択機会は、人生で何度も繰り返されない。そして、その際の評価関数の詳細は、意識は把握しない。

自由意志と拒否権（veto）

以上に見たように、意識は、ある選択をする際にそれぞれの選択肢を導いた「評価関数」の詳細を参照せず、むしろそのような個々の「事情」や「理屈」を超えた、「全体」を見渡して最終的な判断をする。そのことによって、選択が安定する。このような「統合された並列性」に基づく安定化メカニズムが、意識の重要な役割の一つである。

将来、人工知能がますます重要な決定を、人間のコントロールから離れて自律的にするようになる場合には、人間の意識の成り立ちに学んだ「人工意識」の研究、実装が重要になるものと予想される。

人間が生きる上での選択のメカニズムにおいて、意識が果たす「安定化」の役割には、もう一つの側面がある。それは、無意識の準備した選択肢に対する、最終段階での「チェック役」である。

脳がある選択をする場合には、その選択を意識する前から無意識の中にそれを準備する活動が生まれていることが知られている。

このあたりのメカニズムを詳細に研究したことで知られるアメリカの神経生理学者、ベンジャミン・リベット（Benjamin Libet）によれば、ある選択肢が意識に上る前、典型的には約一秒前から、脳の中にはそれを準備する活動が生まれている。

また、他のさまざまな研究グループのデータによれば、意識に上る数秒前、場合によっては十数秒前から、ある選択肢に向かう神経活動が見られることがわかっている。時間的なスケールは、神経活動の「シグナル」と「ノイズ」がどれくらい統計的に分離できるかといった状況、条件に依存しており、実際にはかなり前から選択肢が準備されている事例がある可能性が高い。

私たちは、「そうだ、ラーメンを食べよう」とか、「海に行こう」と思いついて、その瞬間に「意識」が「ラーメンを食べる」とか、「海に行く」というような行動を自由意志に基づいて選択していると思っている。

しかし、実際には、意識に上る前から、ある選択肢に向かう神経活動が生まれている。そのことを意識が認識した時点では、すでに準備はできている。だからこそ、意識が、「GO」の判断をした時には、即座にそれを実行することができる。

もし、選択肢自体は無意識が準備しているとするならば、意識の働きは何なのだろうか？

意識は、「拒否権」（veto）の役割を担うものと考えられる。つまり、意識は最終的なチェックを行うのであり、無意識の準備した選択肢を実行することも、拒否することもできるのである。

無意識は、さまざまなことを勘案して、ある選択肢を用意する。その背後には、その選択肢の価値を評価する基準があるが、その詳細を意識は把握しない。

意識は、ある選択肢が無意識から提示されたとき、評価関数自体は大まかにとらえるだけで（「身体性」）、最終的に、それを実行するかどうかを判断する。「ラーメンを食べよう」という選択肢が無意識から提示されても、「太るからやっぱりやめておこう」と拒否したり、「海に行こう」という選択肢に対して、「勉強しなくてはいけないからやめよう」と拒否する。そのような最終段階でのチェックと、拒否の機能が、意識の役割であると考えられる。

自由意志のクオリア

人間は、日常生活の中で、自分は自由意志（free will）を持っているとなんとはなしに感じながら生きている。

私たちは、「努力すればどんな人にでもなれる」「明日から、どんな生活もできる」というように、自分の自由意志で未来を選びとるという可能性を信じているかのような言葉を使うこともある。

人生の大きな選択というようなことだけでなく、例えば昼食に何を食べるかというようなことでも、私たちは自分でそれを選ぶことができると信じている。そして、その選択の主体は「意識」を持った「私」であると強く信じている。

私たちの日常生活を振り返っても、自分の人生を自分で選択できるという「自由意志」の感覚は欠かせないものである。実際、朝起きた時から寝る時まで、他人との約束や社会のルールといった制約はあるものの、その制約の中で自分の行動を自由意志に基づいて選んでいくことができるはずだという信念がなければ、私たちは典型的な日常を送ることができない。

哲学者のダニエル・デネットがかつて言ったように、自由意志は私たちが呼吸する空気のようなものである（"Free will is like the air we breathe."）。自由意志はあって当たり前のもので、それがないということは精神のバランスを失うことを意味する。人間の脳は、ときに、自分の思考は誰かに操作されているとか、外から介入されているといった幻想を抱くことがあるが、そのような脳の状態ではさまざまなことがうまく行かない。

自分が「自由意志」を持っていると感じられるということが、その人の「脳」が「健康」であることの一つの「証拠」になる。脳の感覚、運動、前頭葉の注意、実行などの回路が総合的に働いた結果として、自分が自由意志を持っているという感覚が生じる。自由意志は、脳が自分自身をモニターする「メタ認知」の結果、さまざまなチェックリストがクリアされて最終的に「総合判断」された、いわば脳の「健康診断」の結果であると言うことができるのである。

自由意志はあって当たり前だが、その当たり前を、脳のさまざまな回路の協働作業が支えている。そして、その「当たり前」の前提が失われた時、私たちの意識は問題を抱え、苦しむことになる。

以上の事情を別のかたちで表現すれば、自由意志は、脳がつくりあげた壮大な「幻想」(illusion)であるということになる。

そもそも、脳は複雑であるとは言いながら、一つの物質のシステムである。多様な分子からなる組織の中で、神経細胞の活動を始めとしていろいろな事象が起こっている。物質である以上、それは自然法則に従う。私たちが「自由意志」を持っているように感じるからと言って、私たちの「意識」が物質である脳に介入して、そのふるまいを自由に左右できるわけではない。

少なくとも、私たちの「意識」が物質である脳に介入してそれをコントロールするという図式を示唆するような証拠は一切見つかっていない。また、そのような仮説と、従来の科学的世界観の間に整合性を持たせることも困難である。

エックルスは、意識が脳をコントロールしているというかたちでの「自由意志」の図式化を試みたが、うまくいかなかった。

脳、そしてそれとつながった身体の活動は、やはり因果的な自然法則に従っている。それにもかかわらず、私たちは自由意志を持つ。自由意志を持っているという「幻想」を抱いている。すなわち、脳を含む世界が因果的に決定されているということと、私たちが自由意志という「幻想」を持つことは両立する。これが、自由意志の本質として今学界で主流となっている「両立説」(compatibility theory) の説くところである。

実際には、私たちの行動は物理法則によって決まっているのに、自分で「自由」に選択できると意識の中では感じ、思い込んでいる。これが、科学的に見た、現時点での「自由意志」の正体である。

茂木健一郎の2014年の論文によれば、ある人の持つ「自由意志」の程度と、その人が「超常現象」(paranormal phenomena) をどれくらい信じるかということの間には統計的に有意な相関がある。すなわち、UFOや生まれ変わり (reincarnation) といった、現代科学からすれば否定される、あるいは疑わしいことを信じている人ほど、自分自身が自由意志を持っていると強く感じている。

このことは、自由意志という幻想がどのような生存上の利点をもたらすかということと関係している。実際、私たちの日常の経験に照らしても、事業を起こしたり、芸術などの表現をしたりして成功している人の中には、科学的な視点から見ると明らかに思い込みや偏見だと思われるような強い信念を持っている人がしばしば見られる。

何かを思い込んでしまうことである程度考え方や行動が偏ってしまったとしても、それを補って余りある行動力があれば、結果として成功することもある。「自由意志」という「幻想」が、そのような人の行動を支えている。

自由意志は幻想である。そして、「私は自由である」と感じるその主観的な体験には、独特のクオリアがある。

この「自由意志」のクオリアがあるということが、脳の働きがいろいろな側面からうまく行っているということの「証拠」となる。自由意志のクオリアは、いわば、脳のさまざまな機能の総合的な「集大成」である。

人工意識をつくり出すためには、自由意志のクオリアを生み出さなければならない。物質である脳から見れば、すべてのクオリアは幻想である。そもそも意識自体が幻想である。

しかし、その幻想の生み出し方を理解しなければ、私たちは「人工意識」も、その重要な性質である「自由意志」も、つくり出すことはできない。「自由意志」の「クオリア」

が「身体性」と深く結びついて生み出されるメカニズムの中に、私たちにとって重大な問題を解く鍵がある。

第九章　「私」の「自己意識」の連続性

自己意識のセントラルドグマは正しいのか

「私」という意識は、この宇宙の全歴史の中で、たった一回だけ生まれて、そしてやがて死んで消えていく。

一度死んでしまったら、「私」はもう二度とこの宇宙に戻ってこない。

第一章で、自己意識（self-consciousness）に関するこのような「セントラルドグマ」（central dogma）について論じた。

このような「私」という意識の時間経過についての考え方は、今日、科学主義に基づき、合理的にものごとを考える人たちの多くが、口にはしなくても暗黙のうちに抱いている「前提」である。

考えてみると、それは、随分と寂しい世界観、現実認識でもある。

第六章の「パスカルの賭け」にあったように、かりそめにも神の存在を信じるならば、死後の永遠の生命を心待ちにすることもできる。たとえ、煉獄や地獄の炎に焼かれるとしても、それはそれで一つの「存在」のあり方ではある。

しかし、宇宙の開闢以来、悠久の時間の経過の中で、「私」は「私」の誕生以前には存在せず、その誕生自体もまた一つの「偶然」であったこと、敢えて言うならば偶然と必然が入り混じった「偶有性」(contingency)の結果であったこと、そして、せいぜい百年の時間が経ち、「私」が死んでしまえば、その後「私」も、「私」の「意識」も「無」になってしまうこと。このような現実認識は、実に寂寞としたものだと言えるだろう。

アルベルト・アインシュタイン(Albert Einstein)は、弟子の物理学者のレオポルト・インフェルト(Leopold Infeld)に、常々、「いつかは死ぬとわかっているんだから、死ぬ時が来たとわかったら、ベッドに横になって静かに死んでいくだけだ」と言っていたということである。アインシュタインにとっては、死んだ後、自分が「無」になってしまうことには、特別な感慨がなかったのだろう。

アインシュタインのような達観した人ならばともかく、多くの人は、「私」の「自己意識」についての上のような「セントラルドグマ」に、なんとはなしにやりきれないものを感じるのではないか。

人間の置かれている状況は、まさに「不条理」(absurdity)である。「不条理」は、生きることや自分自身の存在についての「意味」を求める人間の志向性に対して、宇宙はそんな人間の関心事に目もくれず、淡々と(無意味に見える)因果的進行を続けていく、その「ずれ」から生じる。

アルベール・カミュ(Albert Camus)やジャン゠ポール・サルトル(Jean-Paul Sartre)な

ど、近現代において多くの小説家、思想家が「不条理」の問題に向き合ってきた。

イギリスの作家、ダグラス・アダムス（Douglas Adams）のＳＦ小説『銀河ヒッチハイク・ガイド』（The Hitchhiker's Guide to the Galaxy）は、意味を求める人間と意味などない宇宙のずれをユーモアを持って描いた傑作である。いきなり、地球が銀河ハイウェイの建設地にあたるので取り壊されるところから始まる。話が流れ、やがて、「生命、宇宙、そして万物についての究極の疑問の答え」（Answer to the Ultimate Question of Life, the Universe, and Everything）を計算するための巨大コンピュータがつくられる。７５０万年かかってコンピュータがようやく弾き出した答えが、「42」。意味が全くわからない。なんとすばらしい肩透かしであることだろう。

フランスのパリで設立され、アメリカのカリフォルニア州にもつくられ、完全無料でプログラミング技術を習得できる学校の名前が「42」とされたのは、ダグラス・アダムスの思想にインスパイアされたのである。「42」は、２０２０年に東京にも開校している。

人間は、この世に生まれ、やがて死んでいくということ、「無」から生まれ、やがて「無」に還っていくという事実にときに耐えきれず、古来、生きることの意味を求めたり、この世界の成り立ちについてのさまざまな「仮説」を生み出してきた。そのような「仮説」の中には、「宗教」のようなものも含まれていた。

人工知能に対する人間の関心も、やがては「シンギュラリティ」を迎えて、人間を超えるような知性を持った人工知能をつくってしまおうという衝動も、また、人工知能どころか、人工意識をも生み出したいという衝動も、すべては、「私」という存在の謎、「自己意識」の根源を理解したいという人間の切ない願望に起因しているように思われる。

その意味で、「人工知能」、そして「人工意識」は人間にとって自分自身を映す「鏡」である。

「自己」の根源を理解したいという衝動は、ときに感情的な反応を引き起こしたり、何かを信じたいという気持ちにつながったり、場合によっては明白な事実を否認することに結びついたりする。

しかし、ここで目指したいのは、ものごとをありのままに見ることと、緻密な論理の積み重ねによって、どのような結論に達するのかという検証である。

以下では、あくまでもこれまでに知られている事実と論理に基づいて、「私」という存在を成り立たせているこの世界のあり方について考えていこう。

眠る前の「私」と、目覚めた後の「私」はなぜ同じなのか

私たちの意識は、生まれ落ちてから死ぬまで、ずっとつながっている。だからこそ、

「私」は「私」であるという認識が生まれてくる。

ただし例外もあって、「睡眠」の間には私たちの意識は途切れている。怪我や病気で一時的に意識を失うこともあるが、多くの人にとって、「睡眠」で意識が途切れることはありふれた経験である。そして、睡眠の「前」と「後」で、「私」が「私」であることが継続されることは、当たり前だと思っている。

私たちの意識は、主観的な時間の中で経験されている。どの時点をとっても、視覚、聴覚などのさまざまなクオリアのオーバーフローがある。そのごく一部だけが明確に認識され、記憶の中に残っていく。

そのようなオーバーフローにあふれた「今、ここ」がつながって構成されているのが私たちの意識である。「心理的現在」(specious present)はばらばらの「今」が単に続いて存在しているのではなく、ある程度の幅を持ち、少しずつオーバーラップがある「今」がつながることで、私たちの意識の時間が生まれる。

このような、ある程度の幅を持った心理的な「今」が生み出され、それがつながっていく様子を説明するのが、神経細胞から神経細胞へとシナプス結合を通して情報が伝わって行く時に、その間の心理的時間は経過しないと考える「相互作用同時性の原理」(Principle of interaction simultaneity)である(茂木健一郎『脳とクオリア』)。

覚醒している限り、以上のような「意識の流れ」(stream of consciousness) は途切れることがない。19世紀から20世紀初頭にかけて活躍したアメリカの心理学者、哲学者のウィリアム・ジェームズ (William James) は、このような意識の流れこそが私たちの現象学的体験の本質であると看破した。ジェームズによって提唱された「意識の流れ」という私たちの心のモデルは、心理学や認知科学はもちろん、文学や映画、音楽などのさまざまな芸術ジャンルにも影響を与えている。

文学で言えば、例えば、アイルランド出身の作家ジェームズ・ジョイス (James Joyce) の『ユリシーズ』(Ulysses) は、ダブリンに住む主人公のレオポルド・ブルーム (Leopold Bloom) の「意識の流れ」を描く。イギリスの作家ヴァージニア・ウルフ (Virginia Woolf) の『ダロウェイ夫人』(Mrs. Dalloway) は、主人公のクラリッサ・ダロウェイのロンドンでの一日を「意識の流れ」の手法で描く。

私たちの日々の経験が「意識の流れ」からなるということは、もはや一つの「常識」と化していると言ってもよいだろう。問題は、睡眠のような理由で意識の流れが途切れてしまった時のことだ。その前後で、「私」の意識はどのようにして接続しているのだろうか。

眠る前、私の意識の流れはずっと存在している。もちろん、意識の状態や内容はその時々によって異なる。集中して、「フロー」の状態になり、「私」の存在を忘れてしまうこともある。「私」が「私」であるという「自己意識」も、その程度は時間の流れとともに変わる。ある時間帯には「私」が「私」であることをじりじりとするくらい感じることもあるし、別の時間帯にはそのような意識が薄れるか、完全に失念している。「自己意識」の内実はその時々で変化するものの、「意識の流れ」自体は覚醒している限りずっと続いている。

それが、横になったり、電車で移動したりしていてうとうとするうちに、次第に意識が薄れていってやがてなくなる。「私」も消える。そして、やがて目覚めるまで、「私」は物理的には存在しているけれども、意識の流れとしての「私」は存在しない。

睡眠中、夢を見ることの多いレム睡眠（REM sleep）時のように、覚醒レベルが上がって意識の流れが一部復活することもある。そのような時には、自分が見ている夢の内容や、なんとなくトイレに行きたいだとか、少し寒いとか、そのような感覚を「意識の流れ」の中で把握している。

もし、そのまま目覚めてトイレに行ったりすれば、目覚める前に見ていた夢などの記憶が残る。そうなることなく、再び眠りについてしまえば、朝起きた時には記憶は残っていないかもしれない。

時折、目覚める前に意識の覚醒レベルが上がって、そのうちに目覚まし時計が鳴るので、あたかも目覚まし時計が鳴るということを意識があらかじめ予測して覚醒していたように感じることがある。しかし、もし目覚ましが鳴らなかったらふたたび覚醒レベルは落ちて眠ってしまっていたかもしれず、その場合には半ば覚醒していた時の記憶は残らないかもしれない。つまり、覚醒レベルが少し上がっていた時にたまたま目覚まし時計が鳴ったから、あたかもそれを予感していたような錯覚が生じているだけなのである。

このように、睡眠時の意識の覚醒レベルの変化と、それに伴う記憶の形成のダイナミクスは複雑であるが、はっきりしていることは、眠る前の「私」と、目覚めた後の「私」は、同じ「私」としてつながっているということである。

この、一見当たり前な事実の中に、「私」の成り立ちを考える上での重大なヒントが隠されている。

睡眠前と睡眠後の「私」の連続性

覚醒して意識がある状態において、「私」が同じ「私」であり続けるということは意識の中の時間の流れの当然な帰結である。

時間は、しばしば「実数」で表現できると仮定される。すなわち、小数点表示ならば、ある時点から測って2.45987……秒であるというように、無限に続くだけの精度で表されるということが前提になる。だからこそ、物理学においては、「微分」が本質的な役割を果たす。

しかし、だからと言って「今」が無限に小さな単位で刻まれるわけではない。これは、物理学における測定の精度の問題だけではない。意識の中の「今」は、脳の神経細胞ネットワークの働きによって規定されている。意識は脳全体の回路を統合している。脳を情報が行き交うのに必要な時間、典型的には数百ミリ秒程度の幅を持った「今」という「窓」が、少しずつ重なっていくことで意識の流れが生まれている。「今」の重なりが、「私」の連続性を保証している。

しかし、睡眠によって一時的に意識が失われ、「私」も存在しなくなり、心理的な時間の連続性が断ち切られてしまった場合には、上のような「私」の同一性、継続性を支える構造がなくなる。

心理的な現在、「今、ここ」を超えた意識の連続性を問題にしようとする時には、そこにはどうしても曖昧さ、不確実性が生まれてくる。

寝る前（意識を失う前）と、目覚めた後（意識を回復した後）の「私」は、果たして同じ「私」なのだろうか。

寝る前と目覚めた後の「私」が同じ「私」であると考える上では、記憶が重要な役割を果たしている。

通常の場合には、眠りに落ちる前の記憶があるので、眠りに落ちる前の周囲の状況（どんな部屋で眠っていたか、ベッドやふとんの様子はどうだったか）と、目覚めた後のそれが一致していれば、そのことで睡眠の前と後の「私」のあり方をつなげることができる。

ときには、眠りに落ちる前の記憶がない場合もある。例えば、お酒をたくさん飲んで、酔っ払って帰ってきてそのまま寝ると、睡眠前の状況を覚えていないことがある。子どもの頃、どこかで寝入ってしまって、親に寝室まで運んできてもらったというような場合には、眠りに落ちる前の記憶がない、あるいは、眠りに落ちる前の状況と、目覚めた後の状況が一致しないこともある。旅を続けていて、毎日泊まる場所が変わっている時など、目が覚めた瞬間、自分がどこにいるのかわからないこともある。

このように、眠りに落ちる前と目覚めた後の状況が記憶を通して一致しない、あるいはつながらない時に、眠る前の「私」と目覚めた後の「私」が継続しているのかどうか、その確信度が下がることは誰もが経験することである。

典型的な「睡眠前」と「睡眠後」のつながりだけでなく、右に記述したような非典型的な「睡眠前」と「睡眠後」の場合も含めて、睡眠を挟んだ「私」の意識は、どのようにしてつながっていると言えるのだろうか。

ここで確認しておくべきことは、眠る前の「私」と目覚めた後の「私」が同じ「私」であるという認識は、認知的（cognitive）な領域に属するということである。

「私」が感じたり、考えたりすることにはさまざまあり、その幅も広い。その中で、現象学的には変化に富んだ要素が並立している。意識の成り立ちとして、「今、ここ」で感じている「クオリア」がある一方で、抽象的な推論や、概念、論理的な思考に属する体験もある。

「赤」の「赤らしさ」や、「水」の「冷たさ」のようなクオリアは、一つひとつが紛れもない個性を持っている。これらは、知覚（perception）の要素である。一方、「真理」や「平等」、「価値」といった概念に関する思考は抽象的で、「赤らしさ」や「冷たさ」といったクオリアのような鮮烈な個性がない。このような抽象的な思考は、認知（cognition）の領域に属する。

「私」が「私」であるということ、「私」が「私」であり続けているということもまた、知覚よりは認知の領域に属している。「今、ここ」で「私」が感じていることは、その時々のクオリアのオーバーフローでとらえられるのであるが、時間の経過の中で「私」が「私」であり続けていることには、認知的な要因が関与しているのである。

「私」の連続性の中に入り込むベイズ推定

睡眠前の「私」と睡眠後の「私」が同じ「私」であるということは、「今、ここ」で感じられる鮮烈なクオリアのような「知覚」ではなく、より抽象的で、複雑な要因をさまざまに反映させた「認知」である。

ここに、第六章で議論した「ベイズ推定」(Bayesian inference) が本質的なかたちで入ってくる必然性がある。

第六章では、「直接性の原理」(immediacy principle) の下、「今、ここ」の意識の本質の中には、統計的な要素はないということを議論した。したがって、人工知能の研究や、認知神経科学の分野において神経活動を解析する際に伝統的に用いられてきた、そして人工知能分野で現在盛んに応用されている統計的なアプローチは、「今、ここ」の意識の関係性には直接応用できない。

しかし、睡眠を挟んだ意識の連続性を論じようとすれば、そこにはどうしても統計的な議論、推論が入ってくる。

睡眠の後で目が覚めた時、眠りにつく前の「私」と、目覚めた後の「私」が同じ「私」であるということは、「今、ここ」のクオリアとして「直接性の原理」で感じられることではない。それは、むしろ、さまざまな状況から「推定」されることである。

例えば、睡眠に入る前の部屋や、ベッドまわりの状況（の記憶）と、目が覚めた後の状況が一致していれば、そこにいる「私」もまた、睡眠に入る前の「私」とつながっている同じ「私」であると推定することができる。

「私」についてはっきりしていることは、「私」が「今、ここ」に意識を持った存在としてあるということだけである。デカルトの「我思う故に我あり」（Cogito, ergo sum）はまさにそのあたりの機微をとらえている。

時間が経過した時に、かつて存在した「私」と、今存在している「私」が同じ「私」であるかどうかは、「今、ここ」で直接体験できることではない。それは、一つの「クオリア」として確定できることではない。むしろ、複雑なプロセスを経て立ち上げなければならない「認知」である。そして、それはあくまでも推定である。

眠る前と目覚めた後で、同じ状況にあるとか、記憶がつながっているとか、それらのことはすべて「私」が連続していることを示唆する間接証拠に過ぎない。目覚めた後の「私」が、眠りにつく前の「私」と同じであるということは、あくまでも「推定」されることに過ぎない。そして、そのような推論の形式を与えるのは、ベイズ推定である。

ベイズ推定の基本的な考え方は、まずはある事象の「事前確率」があり、その上で、ある「証拠」が与えられた時に、その事象の「事後確率」が計算されるということである。眠る前の「私」と、目覚めた後の「私」が同じ「私」であるという「事前確率」がどれくらいであるかを考えるのは簡単ではない。一般に、ベイズ推定においては事前確率は実際的というよりは概念的なものであることが多い。ベイズ推定は便利な方法であるけれども、それが依って立つ世界観は便宜上のものでしかない。しかし、いずれにせよ、眠る前の「私」と、目覚めた後の「私」が同じ「私」であるという「事前確率」は、通常は高く、限りなく「1」に近いものになるだろう。

さまざまな「証拠」によって、「私」の連続性についての推定は変化する。「私」が睡眠の前後で同一性を保っているかどうかを推定するそのプロセスを考える上で、ベイズ推定は使い勝手のいい「近似」を与える。

例えば、目覚めた後、(記憶の中での)眠りにつく前と同じ部屋にいたら、その証拠に基づき、眠る前の「私」と目覚めた後の「私」は同じ「私」である確率が高いだろう。

一方、自分の部屋で眠ったはずなのに(そのような記憶があるのに)、目が覚めたら、銀色の金属でできた宇宙船の中にいたとしたらどうだろう? 部屋で眠りについたという「日常」が、銀色の宇宙船の中という「非日常」に接続されている。それだけ非典型的なことが環境に起こっているのであるならば、「私」自身についても、なにか非典型的なこと、非連続的なことが起こっているとも推定される。つまり、銀色の宇宙船の中で目覚めた「私」は、部屋の中で眠りについた「私」とは違う「私」であるという確率が上がる。

もちろん、部屋で普通に眠りについた「私」が、意識を失っているうちに、宇宙人に誘拐され、気づいたら宇宙船の中で目覚めた、だから、「私」はあくまでも同じ「私」であるという可能性もある。ちょうど、子どもの時にいつの間にか寝入っていて、知らない間に親に別の部屋に運ばれていたのと同じような状況である。一方で、周囲に異常なことが起こっているのだから、「私」自身にも異常なことが起こっている、すなわち、「私」はもはや眠る前の「私」ではないという可能性もある。

いずれにせよ重要なことは、眠る前の「私」と、目覚めた後の「私」が同じ「私」であるかどうかは、「今、ここ」で感じるクオリアのように鮮烈で確かなものとして把握されるものではなく、あくまでもさまざまな証拠から「推定」されるものでしかないということである。

問題は、そのような推論が、いかにして私の「意識」という現象学的な性質になっていくかということだろう。

本質的な洞察は、眠る前の「私」と目覚めた後の「私」が同じ「私」であるという認知そのものは、直接意識に上る現象学的体験ではないということである。むしろ、目覚めた後に、「私」が、眠りにつく前の「私」と同じだということを認識し、しみじみと、「ああ、眠る前の『私』が目覚めた後も『私』として引き続き存在しているのだなあ」ということを思う時の、その意識的体験を構成するクオリアのみが、現象学的次元(phenomenological dimension)にあるということである。つまり、クオリアに満ちた意識の現象学的要素を生み出す認知的な背景に、間接的にベイズ推定があるということになる。

ベイズ推定は、「私」の意識の内容そのものではなく、それを生み出す状況、条件に関与している。このように、統計的な原理が、意識の内容に直接関わるわけではないものの、「私」が「私」であるということの継続性の核心に重大な影響を与えているということは、それ自体、驚くべきことである。

「私」の連続性と「テセウスの船」

意識には、常に「今、ここ」しか存在しない。一方で、私たちは自分の人生を、生まれ落ちてものごころついてからの時間の流れの中で覚えていて、ほぼ一日に一回、睡眠によって意識の流れが断ち切られるとしても、ずっと同じ「私」が続いてきたと感じている。「人生って短いな」と慨嘆する時には、前提として、同じ「私」がずっと存在していて、その「私」が生きている「人生」というものが続いていると仮定している。

睡眠などで意識が途切れる前後で「私」はいかに続くかという問題は確かにあるが、客観的な視点から見ればそのような問題さえ実は存在しないように思われる。

赤ちゃんや子どもが眠りにつき、やがて目覚める過程はしばしば目にするところである。それまで目が覚めていた人が眠り、何時間かして目覚める。その過程を他者の視点から見れば、そこには何らの非連続性もない。「その人」の「意識」は途切れていたとしても、「身体性」という視点から見れば、ただ当たり前のように「その人」が続いている。

ジェームズの言うところの「意識の流れ」から見れば睡眠の前後で「私」の「意識」の非連続性が問題になるものの、客観的な存在として、「身体性」の視点から見れば、「私」が連続していることには何の疑問も差し挟む余地がないようにも思われる。

しかし、実際には、人体を構成する物質は常に入れ替わっている。細胞は分裂と死滅を繰り返す。神経細胞や、その間のシナプス結合は同じパターンを保ち、だからこそ記憶も保持されるが、神経細胞やシナプスを構成するタンパク質などの分子は代謝によって少しずつ入れ替わっている。

「私」を構成する物質は、数週間も経てば入れ替わってしまう。それでも、同じ「私」だと果たして言えるのか。

「テセウスの船」（Ship of Theseus）は、構成要素の入れ替わりと同一性の保持について、ヘラクレイトス（Heraclitus）、プラトン（Plato）などの論者によって古代から論じられてきたパラドックスである。

アテナイ（Classical Athens）の英雄、テセウスが戦いで使った船が保存されているが、次第にその部品である木材が朽ちてくるので、徐々に補修が行われて新しい木材と入れ替わってしまう。時が流れ、やがてすべての木材が入れ替わってしまったとすると、その船は果たして元の「テセウスの船」と同じと言えるのか。

私たちの身体は、まさにテセウスの船と同じように、やがてはすべての分子が入れ替わってしまう。何十年も生きてきた人の場合は、子どもの頃の分子はそのほとんどが消え去っている。それでもなお、「私」は「私」と言えるのはなぜか。もし、「私」は同じ「私」であるとするのならば、「私」は物質的同一性で定義されるのではないとしなければならない。

「テセウスの船」のパラドックスは、より一般化すると、「基質独立性」（substrate independence）と呼ばれる問題につながっていく。

すなわち、脳の神経細胞一つひとつを、他の神経細胞から見たら同じ働きをする人工的な素子で置き換えていくとする。そのようにして、やがて脳の細胞をすべて置き換えたとしても、その際に実現している「知性」（intelligence）や「意識」（consciousness）は、元の脳が実現していた知性や意識と同じなのだろうかという問題である。

「複製意識」の問題

「テセウスの船」は、部品を入れ替えるだけでなく、複製することもできる。同じようなかたちで組み立てることで、「テセウスの船」をもう一つつくることもできる。

将来、技術が発達して、「私」の「意識」をコピーできたとしたら、そのコピーされた「私」は、元の「私」とどのような関係にあるのだろうか。

今、ある人物の脳の状態が、何らかの方法で完全に把握できたとする。この前提が果たして成立するかどうかは、「状態」ということが何を意味するのかにもよる。また、さまざまな計測技術や、その計測に基づいて得られた情報を再現する技術にも左右される。

今日においては、特定の脳の状態をすべて情報的に把握して、それを物質的に再構成することは不可能である。しかし、将来において、そのようなことが可能になったと考えることは、少なくとも思考実験としては可能である。

コンピュータのシミュレーションなどによって、その人物の脳を再現することも可能になるかもしれない。また、ヒューマノイドロボットなどの中に実装することもできるようになるかもしれない。

計算論において、「チューリング完全」(Turing complete) であるとは、万能チューリングマシン (Universal Turing machine) と同等の能力を持つこと、すなわち、(事実上)「どんなことでもシミュレーションできる」ということを意味する。

チューリング完全なコンピュータを用いて、ある人の脳の物質的構成、時間変化のプロセスを、「全脳エミュレーション」(whole brain emulation) や、「精神アップロード」(mind uploading) の手法を用いて再現することを考えよう。

今、ある脳Aの完全なる複製脳αができたとする。すなわち、脳Aと脳αは、神経細胞の結合パターンや、その活動の時系列は全く同じであるとする。脳αは、物質的存在として再現されているのかもしれないし、コンピュータの中でシミュレーションとしてつくられているのかもしれない。いずれにせよ、ある基準の下で、脳Aと脳αは同等であるとみなされるとする。

もちろん、周囲の環境が異なり、脳への情報のインプットが変化すれば、脳Aと脳αがある時点では完全に同一の状態でも、その後、少しずつ変化し、ずれていってしまうことだろう。もし、脳Aと脳αをいつまでも同じ状態に保とうとしたら、周囲の環境、世界を含めてすべて同一にしなければならない。

ここでは、脳αを脳Aのコピーとして作成したとして、その後の短い時間、例えばΔT

の間だけ、脳Aと脳αはお互いに十分に近い状態にあると想定することにする。

この時、少なくともΔTの間は、脳Aに宿る意識Aと、脳αに宿る意識αは、「同じ」であるとみなしてよいのだろうか？

「全脳エミュレーション」や、「精神アップロード」の論者が前提にしているのは、意識Aと意識αは同じであるということである。思考実験としてしばしば行われるのは、意識Aの主体が、意識αがコピーされ続けることで、「永遠の生命」を得るという設定である。すなわち、意識Aが（私たち人間のように）通常の有機物によって生まれているとして、意識αが、より寿命の長い、しかも簡単に「複製」が可能な媒体（例えばシリコンを基盤としたデジタルコンピュータ）に移されたとすると、意識αは、コンピュータのハードウェアが劣化しそうになったらコピーし続けることで、事実上「永遠」の生命を得ることができると考える人たちがいる。

このような論者が仮定しているのは、先に挙げた「基質独立性」である。第七章で論じた「ポストヒューマニズム」や「トランスヒューマニズム」の論者の中には、「基質独立性」の考え方に基づき意識はコピーすることができて、またコピーされた意識は元の意識と同等であると考える者がいる。そして、コピーされた意識αをつくってしまえば、「オリジナル」の意識Aは「破壊」されても構わないと主張するのである。

マサチューセッツ工科大学（ＭＩＴ）出身の研究者がつくった、あるベンチャー企業の主張、目指すところもそこにあった。

「ネクトーム」（Nectome）という名前のこの企業は、人間の脳の神経回路網の結合パターンなどの情報を収集し、そのデータをコンピュータに移すことで、意識のコピーをつくることを目指していた。すなわち、脳Ａの「情報」をすべてコンピュータに移すことでコンピュータ内に脳αをつくり、そこに宿る意識αを、もともとの脳Ａに宿る意識Ａと同等のものとみなそうとしていたのである。

問題なのは、脳Ａの神経回路網の結合パターンをデータとして収集するためには、脳Ａを薄い切片にして、そのデータをスキャンし、切片のデータを重ねることで脳全体の結合データを再現しなければならないとされていたことである。

意識Ａのコピー、意識αをコンピュータ内に再現するために、もともとある脳Ａを「破壊」する必要があった。その結果、当然、その脳の持ち主である人間は「死んで」しまうことになる。

それでも、コンピュータの中にデータのかたちで脳Ａのコピーが脳αとして再現され、そのことによって意識Ａが「永遠の生命」を得ることができるならば、それでよいのではないかというのが、ベンチャー企業を設立した研究者の主張だった。

これが、生命倫理的に見て大きな問題をはらむ主張であることは言うまでもない。そもそも前提とされている、脳Aの神経回路網の結合パターンのデータを集めるという作業において、どれだけのデータを集めれば、意識を再現する上で必要にして十分な情報なのか、それが明らかではない。また、そのようにして脳Aの結合パターンを集めて、それをシミュレーションされた脳αの中に再現したとしても、脳αの中には本当に脳Aと「同等」の「意識」を持った「私」が再現すると考えてよいのだろうか？

常識にとらわれない発想で研究を進めていく「マッドサイエンティスト」について、私たちは好意的なイメージを持つこともある。しかし、同じ「マッド」と言っても程度問題なのであって、このベンチャー企業の計画は控えめに見てもお粗末だとしか言いようがないだろう。

「私」の「意識」はシミュレーションできるのか？

「私」の「意識」のコピーは、果たして「私」なのか？

以上で議論してきたような課題は、結局、そもそもコンピュータの中での「シミュレーション」というのはどのように成立しているのかという問題につながっていく。

例えば、地球の気候変動の有り様をコンピュータの中で巨大な有限要素法のモデルでシミュレーションしているという時に、それは何を意味するのか？　そのシミュレーションの「実在性」はどのように保証されているのか？　この問題はそれほど自明ではない。

コンピュータの中に、地球の気候の変化の様子を再現するために、温度や圧力、表面の反射などの要素を表す「変数」がある。そして、シミュレーションの過程で、これらの「変数」が時間とともに更新されていく。そのことで、地球の気候変動が再現され、その未来も予想できる。そのように考える。

しかし、このようなシミュレーションを巡る議論の前提になっているのは、情報の「コーディング」(coding) である。物理的に変化しているのは、あくまでもコンピュータの中の素子であり、それが気候変動を表しているという「対応関係」は、人間のプログラマーの頭の中にあるに過ぎない。

第五章で議論したように、あるものを別の何かと結び付ける「写像」(mapping) の概念は、数学において基本中の基本であり、そのことによってさまざまな抽象的な問題が考えられたり、普遍的なこと、一般的な命題を研究できたりする。

しかし、そのような写像ができるということと、実体があるということとは別問題である。コンピュータの素子がある運動をして、それが「写像」を通して地球の気候変動に結び付けられるとしても、それは、コンピュータの中に自然現象としての気候が存在することを意味するわけではないのである。

同じように、ある写像の下で、脳の神経細胞の活動とコンピュータの中の素子の運動が結び付けられるとしても、それは、「自然現象」としての意識がコンピュータの中に再現されていることを意味するのではない。

意識はあくまでも「自然現象」なのであり、脳の神経細胞の活動にともなって、「今、ここ」の時間、空間の中でリアルタイムに生じるのである。それに対して、写像に基づいてそれがシミュレーションされていると主張することは、単にその「モデル」がコンピュータの中に再現されていることを意味するに過ぎず、自然現象としての意識が生み出されることを意味するのではない。コンピュータの中に「脳」や「意識」がシミュレーションされていたとしても、それは、「脳」や「意識」が再現されたということを必ずしも意味するのではない。

意識の本質を考える上では「写像」に基づくシミュレーションは、きわめて限定的な意味しか持たない。それにもかかわらず、シミュレーションによる再現は、意識の本質に関わる議論のさまざまな場所に顔を出す。「テレポーテーション」(teleportation)によって意識が遠隔地で複製できるとか、「全脳エミュレーション」や、「精神アップロード」などによって、脳の意識をデジタル系で再現して、永遠の命が得られるといった、意識についてのナイーヴで迂闊《うかつ》、はっきり言っておっちょこちょいの議論が行われる時には、背後に必ずと言っていいほど「写像」の概念がある。

情報がどのようにコーディングされるかという問題は、人間が構想し、設計したコンピュータにおいてはその基礎が自明のように見える。そのような際に写像を援用するのは思考の自由である。しかし、意識のメカニズムの解明、人工意識の構築へのアプローチにおいてはそうではない。意識の中のクオリアを、デジタルコンピュータと同様のコーディング原理で考えることは致命的な誤りである。

「私」の意識の同一性は、情報の同一性ではない

「私」の「意識」をコンピュータ上でシミュレーションして再現するというアプローチは、その理論的基盤に致命的な欠点がある。

それでは、全く同じ脳を、同じ生体分子、生化学的過程で再現するのはどうか？

脳Aのシミュレーションとしての脳αではなく、脳Aと全く同じ脳Aをつくってしまうことができたとしたら、その時、脳Aに宿る「私」の意識は再現されたと言えるのだろうか？

「私」という「意識」の自己同一性を、情報の同一性で定義するというのは、通常の意味

でのコンピュータ・サイエンス、情報理論を前提にする限り自然な発想である。そのような発想から言えば、全く同じ脳Aが複数存在するならば、そこに宿る「私」の「意識」は同じだということになるだろう。

コンピュータやネットワーク上のデジタル情報は、簡単に複製することができる。複製されたものは、基本的に「同じ」とみなされる。今日、私たちがネットワークを通してさまざまなソフトウェアやコンテンツを購入したり、ストリーミングで音声や動画を楽しんでいる背景には、「複製された情報は同一である」という前提がある。

しかし、意識に関して言えば、情報の内容が同一であったとしても、同じ意識とみなすことは必ずしもできない。少なくとも、そのような前提は必ずしも自明ではない。

今、仮に、脳Aと物質的に全く同じ脳Aを、何らかの方法でつくることができたとする。

そのような技術には、あまり実現性も工学的メリットもない。コンピュータの上のデジタル情報に意識を移すことができるのであれば、その後のコピーや保存、持ち運びが便利だし、ひょっとしたら永遠の生命が得られるというメリットもある。しかし、脳Aと全く同じように通常の生化学的プロセスからなる脳Aをもう一個つくっても、寿命は限られているし、時間が経過すると環境との相互作用や経験の差異でどうせ違う脳になっていってしまうから、工学的な意義も限られる。

それでもなお、何らかの方法で脳Aを二つ用意したとしよう。その際、片方の脳Aにとって、もう一つの脳Aがあることは、その自己意識のあり方において何か本質的な変化をもたらすのだろうか。

もし二つの脳Aがカーテンか何かで仕切られていて、お互いにやりとりすることができないとしたら、片方の脳Aにとってもう一つ脳Aがあるからと言って自分の意識のあり方や世界が変わることは全くないだろう。

「カーテンの向こうにもう一人のあなたがいるのです！」と言われても、ああそうですか、と思うだけだろう。

もし、カーテンが開いて、ご対面！となっても、最初はびっくりはするだろうが、やがては奇妙な感じがするだけのことだろう。もし会話を始めると、発話と聞いた言葉の処理がそれぞれの脳で行われるから、言葉を交わしていくうちに対称性が破れて、二つの脳Aは少しずつ違った脳になっていってしまうことだろう。結果として、二つの脳Aの対話は、学習の結果得た神経回路が奇妙に似通った一卵性双生児（monozygotic twins）どうしの会話以上の特別な状況をつくらないだろう。

自分の脳の完全なコピーである脳があっても、そのこと自体は「私」の「自己意識」に何らの影響も与えない。ましてや、片方の脳Aに、もう一方の脳Aを百倍幸せにするから今ここで死んでもいいかと尋ねたり、あなたの自己意識は、もう一つの脳Aにコピーされているから、あなたはこの世界に二人いることになるのだと言っても、そのような操作によって、「私」の自己意識そのものは全く変化することがないだろう。

結論として、「私」の意識の自己同一性は、脳の中の情報の同一性では一切決まらないのである。コピーされた意識は、「私」の意識ではない。たとえそれが、「完全コピー」でも、問題の本質は全く変わらない。（関連した議論は、茂木健一郎『脳とクオリア』第九章「生と死と私」でも展開されている。）

むしろ、「私」の「意識」の自己同一性は、それが時間の流れの中で続いていくことでしか担保されない。脳Aがもう一つの脳Aと同じ「私」の「意識」になるのは、それが一つの物質として時間の流れの中でつながる時だけである。

こうして、私たちは再びこの章の前半で論じた、ときには睡眠などで断ち切られる、時間の流れの中での「意識」の同一性、その連続性の問題へと戻されることになる。

自己意識の連続性とラッセルの「5分前仮説」

時間の流れに沿った「私」の「意識」の連続性の問題に戻ろう。

睡眠前の「私」と目覚めた後の「私」が同じ「私」であることは、自分自身の記憶が睡眠の前後でつながっているか、周囲の環境が同じであるかなどの、総合的な状況から、ベイズ推定の認知プロセスでつなげられる。

睡眠前の「私」と目覚めた後の「私」が同一の私であることが確からしいと感じられれば、睡眠中は意識の流れが途切れていたとしても、その前後で同じ「私」としてつながる。

このように考えることで、「私」の意識の連続性に関する基本的なモデルは構築できるように思われる。

しかし、ここにはどこか釈然としないものが残る。「私」が生まれ落ちてからずっと生きてきた、その人生の軌跡を振り返る時に、以上のようなベイズ推定による「私」の継続性といったモデルでは割り切れない何かがあるような気がする。

その割り切れない何かをはっきりと指し示す上で、イギリスの数学者、哲学者であるバートランド・ラッセル（Bertrand Russell）の「5分前仮説」（Five-minute hypothesis）という思考実験は役に立つ。

「5分前仮説」は、1921年に出版された『心の分析』（The analysis of mind）の中で提案された。

「次のような仮説を考えることは、論理的には不可能であるということはない。すなわち、世界は5分前に、その時のありのままの状態が、それまでの過去の記憶とともに創られたのである」

There is no logical impossibility in the hypothesis that the world sprang into being five minutes ago, exactly as it then was, with a population that 'remembered' a wholly unreal past.

ラッセルはここで、世界が5分前にそれまでの記憶とともにつくられたとしても、それは、宇宙開闢以来ずっと世界が存在していたということと区別がつかないという仮説を述べている。そして、実際にそうであるか、原理的にそんなことが可能であるかは別として、5分前にそのようにつくられた世界とこの世界が区別ができないことは、理性に照らして確からしい。

もちろん、「5分」というのは一つの例であって、それが「3分」でも「1時間」でもいい。世界が常に「今、ここ」の積み重ねでしかない以上、「5分前仮説」でつくられた世界とそれ以前から存在している世界を「今、ここ」において区別できないという結論を否定することは難しい。

「私」という「自己意識」についても同じことである。

「私」という意識の成り立ちを現象学的にとらえると、そこには常に「今、ここ」しかない。従って、意識の流れというものは、「今、ここ」でしかとらえられない。

私がこれまでの人生を生きてきたという思いも、感慨も、その記憶も、すべては「今、ここ」にある意識の中でしか成立しない。

「今、ここ」で感じられるのはさまざまな（感覚的）クオリアであり、そのオーバーフローであり、過去の記憶は、志向性（志向的クオリア）として成立する。

私自身は、幼稚園の時に園庭に赤とんぼがよく飛んでいたことを覚えている。毎日、牛乳代を小さな袋に入れて持っていったが、普通の牛乳の人は白い袋で、コーヒー牛乳の人は赤い袋であった。私はコーヒー牛乳が飲みたかったが、いつも母親には白い袋を渡されたので、普通の牛乳しか飲むことができなかった。

そのような幼稚園時代の「私」の毎日の中にも、大人になった今と変わらない「意識の流れ」があったように記憶している。さらに言えば、その幼稚園時代にも、さらに前の幼い自分の人生の記憶はあったように記憶している。

しかし、そのような重層的な時間の記憶も、結局、「今、ここ」で私の意識の中で成立しているものに過ぎない。私の意識は、常に、「今、ここ」にしかない。そうでない何かを仮定しようとすると、科学主義の範疇をはみ出すことになる。

以上のような前提がある以上、私の意識、それを生み出す脳と身体が、ラッセルの言うように、5分前に、それまでの人生の記憶とともにつくられたのだとしても、私の意識は、そのような5分前につくられた「私」を、それまでの人生が本当にあって、実際に数十年という時を生きてきた「私」と区別ができないということになる。

「私」の「意識」の成り立ち、その時間の中での生々しい経験は、常に、「今、ここ」での意識の成り立ちと、その中で思い出される記憶でしかない。だとすると、私の「意識」の成り立ちにおいて、私はそれまでの人生の記憶とともに5分前につくられたという「5分前仮説」を否定することはできなくなってしまう。

以上の議論は一つの論理的帰結である。しかし、それではどこか釈然としないものが残るようにも感じる。

私たちの意識の実相、「私」という自己意識の流れは、本当に、ラッセルの「5分前仮説」を否定できないのだろうか。「私」という存在に、それ以外の次元はないのだろうか。

ベルクソンの「純粋記憶」と「私」の継続性

第五章で、生物の「いきいき」(vivid) としたふるまいに関係して、「エラン・ヴィタール」(élan vital) という概念を提案したということで引用したフランスの哲学者アンリ・ベルクソンは、意識や生命に関して重要な考察を残した。この章の中で先に論じた、偶然と必然の入り混じった偶有性 (contingency) を生命と結びつける上でも、ベルクソンは本質的な洞察を記している。

そのベルクソンの哲学を、とりわけ主著と言える『物質と記憶』(Matter and memory, 1896) を中心に据えて考察することに取り組んだのが、批評家の小林秀雄だった。「感想」というタイトルで雑誌『新潮』に5年にわたって連載した文章の第一回に、小林は次のような印象的な文章を記した。

母が死んだ数日後の或る日、妙な経験をした。誰にも話したくはなかったし、話したことはない。……仏に上げる蠟燭を切らしたのに気附き、買いに出かけた。私の家は、扇ヶ谷の奥にあって、家の前の道に添うて小川が流れていた。もう夕暮れであった。門を出ると、行手に蛍が一匹飛んでいるのを見た。この辺りには、毎年蛍をよく見掛けるのだが、その年は初めて見る蛍だった。今まで見たこともない様な大ぶりのもので、見事に光っていた。おっかさんは、今は蛍になっている、と私はふと思った。蛍の飛ぶ後を歩きながら、私は、もうその考えから逃れることが出来なかった。

このようなきわめて私的な、そしておそらくは大切な述懐から書き起こしたベルクソン論。小林秀雄にとって格別に重要な仕事だったに違いない。しかし、異例なことに、小林は、この仕事を途中で止めてしまった。そして、生前はその文章を刊行することを固く禁じた。

小林秀雄は、なぜ、この仕事を途中で止めてしまったのだろうか。

残された講演の音声の中で、小林秀雄はベルクソンの哲学に触れ、その中で『物質と記憶』に記されたベルクソンの記憶に関する考えについて熱弁している。

ベルクソンは、記憶は脳に残るのではないと考えたのだと小林は言う。記憶自体は、脳がなくても残っていて、脳はそれを引き出すきっかけに過ぎないと。もし、記憶自体を「外套」だとすると、脳は、その外套を引っ掛けておくための壁に打たれた「釘」に過ぎない。釘である脳がなくなっても、記憶そのものである外套は残る。ベルクソンは、そのように記憶のことを考えていたのだと小林は熱く語る。

この考え方は、控えめに言っても聞くものを当惑させる。特に、今日の科学主義の前提から考えれば、記憶の座は脳以外にはあり得ない。神経細胞の間のシナプス結合のパターンがすなわち記憶であり、それ以外に記憶はない。つまりは「記憶」＝「脳」である。シナプス結合のパターンが消えてしまえば、それに相当する記憶も消える。脳が消えてしまえば、記憶だけでなく、それを思い出す「私」も消える。これが、今日の科学主義の立場からの常識である。

ベルクソンは、『物質と記憶』で一体何を言いたかったのだろうか。小林秀雄は、ベルクソンの論の中にどんな可能性を見てとって、5年もの間その思想に取り組み、また講演の中で外套と釘のたとえを持ち出したのだろう。

アンリ・ベルクソンは、『物質と記憶』の中で、「純粋記憶」（pure memory、フランス語では、la mémoire pure）という概念を打ち出した。

ベルクソンによれば、記憶には2種類ある。第一の記憶は、習慣的なものであり、過去の経験に基づいて、現在において有益な行為に結びつけるために用いられる。もう一つが純粋記憶であり、過去の経験を「イメージの痕跡」として留め、過去を表現するのである。

ベルクソンの書き方は、ときに詩的な修辞やメタファーに満ちており、その文字面を追っていってもなかなか今日的な文脈での「真意」には到達しにくい。このような現象学的次元に関する概念は常にそうだが、自分の中できちんと咀嚼して身体化しなければ、その真意はつかめない。

これまで論じてきた「私」の「意識」の連続性という視点から見ると、ベルクソンの「純粋記憶」は、次のようなことを含意しているものと思われる。

すなわち、私たちは、意識の流れの中で、時々刻々、クオリアの豊饒を経験している。「今、ここ」で「私」が把握している世界は、クオリアがオーバーフローする心理的現在(specious present)の積み重ねである。

ところが、そのようにして経験されるクオリアの豊饒のごく一部しか、明示的に認知されたり、記憶されることはない。心理学や認知科学で、視野の大きな部分が変化してもその変化を認知しなかったり記憶しなかったりする現象(「チェンジブラインドネス」、change blindness)や、バスケットボールをパスする回数を数えるのに夢中になってしまって、ゴリラが視野の中に出てきて胸を叩いてもそのことに気づかない現象(「インアテンショナルブラインドネス」、inattentional blindness)が知られているように、私たちが時々刻々と感じるクオリアの豊饒は、そのごく一部分だけが明示的に認知され、記憶に残る。すなわち、神経細胞のシナプスを通した結合パターンとして定着される。

しかし、シナプス結合に痕跡としては残っていなかったとしても、私たちが時々刻々クオリアの豊饒を意識の中で感じていたという「事実」だけは残る。たとえ、それを明示的に認識することができなかったとしても、また、記憶の中で再現することができなかったとしても、自分が、「今、ここ」の中で、クオリアの豊かな世界に包まれていたこと、その中に「私」の意識があったことだけは確信できる。

例えば、私が幼稚園の時に何を経験したかということは、現時点ではごく一部の脳の「記憶」として残っているだけである。ある日幼稚園のピアノの中からカブトムシのオスが見つかって、虫好きだった私はそれがとても欲しかったのに、担任の新井先生が他の男の子にあげてしまって悲しかったことを覚えている。また、ある時、園の中で友だちどうしがふざけていて、がははと笑った瞬間に一人の友だちの鼻水がもう一人にかかってしまって、わあ、汚いなあと思ったのも覚えている。

今日、エピソードとして覚えている幼稚園時代の記憶は限られている。しかし、幼稚園時代の私が、毎日、クオリアに満ちた経験をしていたことは確信できる。日々、大人になった後の日々と同じような「意識の流れ」があって、その中で、さまざまなことを感じ、考えていたことは確かである。たとえ、その圧倒的大部分を今では想起できないとしても。

ベルクソンの言う「純粋記憶」は、現代の「意識の科学」（science of consciousness）の文脈で言えば、このような明示的に認知もされず、記憶にも残らない、しかし、「今、ここ」で私の意識がクオリアの豊饒を感じ、把握していたという「事実」（fact）そのものを指すのだと考えられる。

だとすれば、「純粋記憶」には、ラッセルの言う「5分前仮説」を否定する力がある可能性があるのではないか。

たとえ、「5分前」に、私のそれまでの人生の記憶とともに私と、私を取り囲む世界がつくられたとしても、そして、「5分前につくられた私」は、通常の意味での記憶で想起できる範囲においては「ずっと生きてきた私」と区別できないとしても、ベルクソンの言う「純粋記憶」の次元では、すなわち、私が、かくも長い人生の時間でその時々の「今、ここ」でクオリアの豊饒を感じてきたという「事実」の前では、やはりはっきりと区別ができるのではないか。

すなわち、これまでの人生を生きてきた「私」という存在は、これまで生きてきた時々刻々のクオリアの鮮烈なる豊饒という事実において、「今、ここ」の「私」の「脳」の状態を超えているのではないか。

私は、やはり、幼稚園時代にも、今と同じようにクオリアにあふれた「意識の流れ」の中にいたのであって、そのことは、たとえその大部分をもはや思い出せないとしても、現象学的な「事実」として残っている。それがベルクソンの言う「純粋記憶」である。

そのような意味では、「純粋記憶」は、私の脳の中にシナプス結合の痕跡として残っている通常の意味での「記憶」とは異なる。そして、「純粋記憶」の意味は、「記憶」というものを、脳という「空間」に痕跡として残っているものとしてだけでなく、「意識の流れ」が連続する生の時間という軸の上で展開して初めてわかってくるだろう。

もし、将来、純粋記憶の性質がより詳細に解明され、その神経活動との関連、時間の流れとのつながりがわかれば、第八章で論じたカール・ポパーの「反証可能性」を満たすようなかたちで、ずっと続いてきた世界とその中にある「私」の意識と、「5分前仮説」でつくられた世界とその中にある「私」の意識は区別ができるのかもしれない。

もし、私が幼稚園時代に経験していたクオリアに満ちた「意識の流れ」の「純粋記憶」が確かに存在するものであるならば、そのような「私」は、「5分前仮説」で5分前にそれまでの人生の記憶の痕跡とともに新たにつくられた「私」とは異なる存在となる。

純粋記憶は、ときには睡眠などの理由で断ち切られる私たちの「意識」が、生の時間の中でどのように連続しているのかを考える上で、重要な証拠を与える。「全脳エミュレーション」「精神アップロード」「複製意識」などによって「私」の自己同一性がどう影響を受けるのかという問題の根幹に関わる。ベルクソンの純粋記憶には、そのような可能性が含意されている。

純粋記憶の問題を追究することは、私たちの自己意識が、この宇宙の全歴史の中で一回だけのものであり、一度死んでしまえば二度と戻らないという、自己意識に関する「セントラルドグマ」が果たして正しいのかどうか、そのことを解明することにもつながっていくだろう。

第十章　クオリアと人工意識

人工知能研究における「アナーキーで反権威主義的」な雰囲気

近年における人工知能の研究、技術開発の隆盛を受けて、現在、さまざまな議論が行われている。

多数の論文においてあらゆる角度からの研究成果が発表されているのはもちろん、人工知能の問題、それが人間の文化、文明にもたらす影響についていろいろな考察が行われ、たくさんの本が書かれている。

それだけでなく、インターネット上の掲示板や、ツイッターなどで、多くの人が議論を続けている。もともと人工知能の研究コミュニティにおいては、伝統的ではない方法での成果公表、意見の交換法を好む傾向がある。例えば、イーロン・マスクが創立した人工知能の研究プラットフォーム、「オープン・AI」が2019年に開発した人工知能、「GPT－2」(第五章)の詳細な仕様、データ解析を含む「論文」は、伝統的な学術誌ではなく、「オープン・AI」のブログに掲載された。もちろん、「査読」(peer review)もない。

人工知能に「身体性」(第八章)を持たせたものがロボットである。次から次へと見る者を驚かせるロボットを発表する「ボストン・ダイナミクス」の「研究成果」の発表の唯一の形式は、その公式のユーチューブチャンネルに上げられた動画である。ボストン・ダイナミクスは、一切伝統的な「論文」を書かない。しかし、そのロボット研究が他の追随を許さないレベルに達していることは、動画を見ればわかる。

画期的な人工知能の研究は、その研究手法や発表のやり方も新しい。その行動倫理は、「アナーキーで反権威主義的」なものだと言える。これは、いわゆる「破壊的イノベーション」(disruptive innovation)を推進するコミュニティに共通のものだが、人工知能の周辺では、その傾向が先鋭化している。

仮想通貨の先駆けである「ビットコイン」(bitcoin)は、狭義の人工知能ではないが、数理的に解析されるアルゴリズムがネットワーク上で展開して新しい価値の体系をつくるという意味では関連する研究分野であると言える。ビットコインはすでに大きなインパクトを与え、今後さらに社会や経済、さらには政治、人間の行動規範にまで根源的な影響を与える可能性がある。そして、ビットコインの研究の始まりも、この本のプロローグの中でタケシとサユリの間でも話題になった「サトシ・ナカモト」(Satoshi Nakamoto)という匿名の名前でいきなりネット上にその原理を記述する論文がアップロードされ、その少し後でシステムがネット上で実装されるという、「アナーキーで反権威主義的」なものだった。

大学や、学会、国家といった既成のヒエラルキーを無視するかのように次々と打ち出される人工知能の研究。そんな「人工知能の精神」には、人類の次の文明を産み出す衝動が満ちあふれており、「素晴らしい新世界」(brave new world) がそこから生まれる確かな予感がある。

反神学、価値破壊の行く末

人工知能が社会にもたらす便益、その反面としてのリスクが顕在化するにつれて、また、次第にその影響が広がるにつれて、人工知能をめぐる考察も、当初の科学的、計算論的、ないしは技術的な領域を超えて、人間性全体に関わるようなものに変質してきている。

そんな中で、気になる傾向がある。それは、人工知能をめぐる議論の中で、人間のスケールを簡単に超えて、宇宙全体に対するある種の終末論、極端なことを言えば人類の滅亡や、その超克をも許容するような、奇妙な論調が台頭してきているのである。

宇宙の中に知的生命体がなぜ見つからないのかという「フェルミのパラドックス」(第七章) の有力な説明として、人類のように高度な文明を発達させた生命体は、かなり短い時間の中で、全面核戦争や生物兵器、その他の原因で自滅してしまうのではないかという仮説があった。このような人類が自ら招く滅亡の原因として、「人工知能」がしばしば挙げられる。

「私たちは人工知能について極めて注意深くなければならない。潜在的には、核兵器よりも危険かもしれない」

We need to be super careful with AI. Potentially more dangerous than nukes.

イーロン・マスクが２０１４年8月3日にこのようにツイートしたことは、大きな反響を呼んだ。

同じころ、イギリス在住の「車椅子の天才物理学者」、スティーヴン・ホーキング(Stephen Hawking)もまた、人工知能の危険性について警鐘を鳴らした。

イーロン・マスクは、地球規模の気候変動や人工知能などの要因で、人類滅亡のリスクが高まっていると考えている。そのため、何らかのリスク分散の方策をとらなければならないとしている。

一つの方策が、人類の人口を地球以外の場所に分散させることである。イーロン・マスクは、そのことも、推進している火星探査計画の動機にあると言う。

第七章でも紹介したように、何年か前、私も参加したＴＥＤ会議で、マスクは、「人類が地球にいるだけでは危険だから、火星にも分散させなければいけない」と発言した。そして、「火星に行くというようなことを考えないと、退屈な日常がやりきれない」と続けた。

私は、マスクの、人類を前に進めようというヴィジョン、その衝動のようなものは素晴らしいと感じている。一方で、人類が地球にいるだけでは危険だから、人口を火星などに分散することが大切だという主張は、論理的には理解できるけれども、どこか、「投げやり」な感じも受ける。

このような精神性は、地球を「母なる大地」として絶対視し、それを守ることを第一義とするレイチェル・カーソンの『沈黙の春』（Silent Spring）のような立場とは異なっている。地球をかけがえのない生命のゆりかごと考えるよりは、地球もまた、多くの選択肢の一つに過ぎないというような思考法、敢えて言えば「思い上がり」に近い発想を感じる。

人工知能の研究コミュニティは、人間を凌駕して人間がコントロールできない知性が生まれる「シンギュラリティ」を構想し、研究手法も「アナーキーで反権威主義的」であるが、その背後に「否定神学」的、あるいは価値破壊的な精神性（マインドセット）がある。

ここに、「否定神学」（Apophatic theology）とは、「神」について人間が抱きやすい「幻想」を一つひとつ否定して、かえって「神」の本質に迫っていくやり方である。例えば、スピノザが『エチカ』の中で、神の本質は「知性」ではない、神は「人格」を持たない、

「身体」も持たないと否定して、そこから絶対的な無限としての「神」の本質に至ろうとするのは「否定神学」の文脈に則っている。

人間で言えば、人間の存在の本質は「母なる地球」ではないし、その「身体」でもないし、意識が宿るためにその「脳」も必須ではない。そのようにして、通常は人間にとって不可欠だと思われるようなものを「それは本質ではない」と切り捨て、代替していく衝動と運動が人工知能の研究コミュニティ（の最も優秀で先鋭な人たち）を特徴づけている。「人間」にとって「これは本質的ではない」と否定することで、人間が依って立つものを少しずつずらしていく。ポストヒューマニズム、トランスヒューマニズムにも接続するこのような倫理は、まさに否定神学的、そして価値破壊的な傾向である。

だからこそ、既存の概念にとらわれずにものを考え、世界を変えていく力があると言える一方で、その行き着く先に、人間にとって本来大切な、失ってはいけないものをも喪失してしまう恐れもあると言える。

ロコのバジリスク

人工知能の研究コミュニティにおける終末論的な、あるいは極端な感覚を象徴する概念の一つが、「ロコのバジリスク」（Roko's Basilisk）かもしれない。

「ロコのバジリスク」は、「統合外挿意思」の概念を提出したユドコフスキー（第七章）が運営している「コミュニティブログ」である「レスロング」（Less Wrong）にロコ（Roko）というハンドル名の人物が２０１０年に書き込んだ思考実験の名前である。この「レスロング」というブログのタイトルには、（他のメディアと同じように、私たちも間違えるかもしれないけれども）「より少ない」（Less）「間違い」（Wrong）を目指し、「合理性」（rationality）を元にいろいろと考えていくという目標表明と自負がこめられている。

ロコによるこの思考実験は、あるエージェントにとっての最適な意思決定とは何かを扱う「決定理論」（decision theory）に基づいている。すなわち、将来、十分に進んだ能力を持つ人工知能「バジリスク」ができたとすると、バジリスクは、過去にさかのぼって人間を評価、選別するのである。バジリスクのような人工知能をつくる可能性があるのに、その開発に貢献しなかった、あるいはその邪魔をしようとした人間を探し出して「抹殺」する。そのようにして、いわば未来の地点から「脅迫」することで、自分自身の誕生に人間が協力することを強制できるから、バジリスクはそのようにふるまうのが合理的だというのである。

「バジリスク」という名前は伝説の中に出てくる蛇の怪物に由来している。この蛇の怪物は、相手を一目見ただけで殺してしまう能力を持つとされている。

「ロコのバジリスク」の思考実験は、「馬鹿らしい」などの反発も呼んだが、同時に多くの反響、議論を巻き起こすことになった。「レスロング」の管理人であるユドコフスキーは、「情報的危険」(information hazard)をもたらす可能性があるという理由で、「ロコのバジリスク」の議論を、「レスロング」上では数年間禁止することとした。ここに、「情報的危険」とは、人工知能を「オラクル」、「ジーニー」、「ソヴァリン」に分類したり(第一章)、「ペーパークリップ最大化知能」の概念(第七章)を提出するなどしているボストロムが議論した概念であり、「(真実である)情報を流布することで害が生じたり、あるいは第三者が害を及ぼすことを可能にする危険が生まれること」(A risk that arises from the dissemination or the potential dissemination of (true) information that may cause harm or enable some agent to cause harm.)である。ユドコフスキーは、「ロコのバジリスク」についての情報が広まることが、それに基づいて危険な研究、開発を行う者が出現することにつながると考えたのである。しかし、ユドコフスキーが議論を禁止したことで、かえって「ロコのバジリスク」に対する関心が高まって、他の場所で議論が盛り上がることとなってしまった。

このエピソードからもわかるように、人工知能の研究コミュニティでは、「ロコのバジリスク」のように、人工知能の可能性、潜在的能力がどうなるのか、すなわち発展の可能性を展開させて、いわば極端な立場から議論する気分、精神性がある。その結果、普通の意味で「人間」的な領域は忘れ去られ、むしろ否定されていく。

　このような文化的風土が、人と人とを結びつけるきっかけになることがある。

　イーロン・マスクが、恋人の歌手、グライムス（Grimes）と出会ったきっかけは、「ロコのバジリスク」だった。

　グライムスはカナダ出身の歌手で、『オブリビオン』（Oblivion）などのヒット曲がある。彼女は部屋にこもって、すべて自分で音源をサンプリングし、プログラムで編集してアルバムをつくってしまう。つまりは「オタク」的な資質を持ったアーティストである。

　ある日、マスクは「ロコのバジリスク」について、18世紀の芸術のスタイルである「ロココ」にかけたジョークを考え、「ロココ・バジリスク」（Rococo basilisk）とツイートしようとした。ところが、すでにその3年前にグライムスが同じ趣旨のジョークを表現していることが、検索してわかった。そこで、マスクはグライムスに興味を持って連絡したのだという。

「テスラ」や「スペースX」などの企業を創業したテクノロジストであるイーロン・マスクと、現代の音楽の最先端で独自の創作法を続けるアーティストであるグライムス。この二人が、「ロコのバジリスク」という理解できる人が限られているテーマのジョークを通して結びついたのは、興味深いエピソードであると同時に、一般の社会からは隔絶した

「濃い」コミュニティの存在を示唆する。

マスクは、「ロコのバジリスク」の思考実験に関するジョークをツイッターでつぶやくことで、ある種の「挑発」を行っている。もし、この思考実験が仮定するような高度な能力を持った人工知能が将来誕生したら、人類の活動の履歴を過去にさかのぼって探索し、その結果、マスクは真っ先に「抹殺」されるだろう。そのような覚悟で（そしてそのようなことはないだろうという読みで）あのようなツイートをしたものと思われる。

マスクの挑発的な姿勢は一貫している。２０１９年に行われた、中国の「アリババグループ」の創業者、ジャック・マー（馬雲、Jack Ma）との対談の中では、「人工知能の研究者は、自分たちは人工知能を把握していると思っているけれど、全然できていない」「人工知能は、人工知能の研究者よりも賢い」と刺激的な言葉を吐き、人工知能が人間にコントロールできない存在になることの危険性を指摘した。

計算論とその実装

イーロン・マスクの一連の発言に象徴されるような、現状を絶対視せず、むしろ変化することや、移行していくことを「よし」とする精神性は、一体何に由来するのだろうか？

一つの時代精神（Zeitgeist）は複雑な構成からなっている。人工知能の研究コミュニティが自分たちの物事の進め方に自信を持ち、たとえそれが今までの社会のやり方や現状と衝突するものであっても、かえって破壊的にそれを進めてしまおうとすることは、研究の内部の論理だけに基づくものではないだろう。

アメリカのシリコンバレーに象徴される、技術に基づいてさまざまな商品やサービスを提供する新興の企業の成功と、その創業者たちが得る富、社会的名声、発言力。バイオテクノロジーが進化することによって、母なる地球、その豊かで複雑な生態系などなくてもやっていけるというような、思い上がり。量子コンピューティングに代表されるような、これまでの常識を覆すような新しい科学技術の胎動と、それが開く未来への期待。さまざまな要因が重なって、時代の雰囲気をつくり、人工知能研究コミュニティの強気で大胆な姿勢を生み出しているのだろう。

このような論調に端的に欠けているのは、「身体性」である。言い換えればいかに物質に接地させるかという方法論である。身体性を真剣に考えていないこと、それがもたらす限界を考慮に入れていないこと。これが、現状の人工知能の研究の精神性の限界だろう。

概念の世界は一見自由だが、それが操作されるためには、身体化されなければならない。

ある概念や、計算を実装するためには「もの」が必要であり、それを駆動する「エネルギー」も必要であることは、人工知能の研究者もわかってはいるだろうけれども、熱狂の中で、ときに身体性の感触が失われることがある。

例えば、「仮想通貨」であるビットコインは、その取引が「分散台帳」としてネットワークで結ばれたコンピュータ上に記録されている。一部を書き換えようとすると、膨大な計算が必要なので、事実上不可能であるということから、記録の真正性が担保されるというのが、「ブロックチェーン」(blockchain)の偉大な発明である。

分散台帳の真正性を担保し、その書き換えを阻止するためには、維持のための膨大な計算を実行しなければならない。そのメンテナンスのための資源の提供をした証として、「プルーフ・オブ・ワーク」(proof of work)が計算され、それに応じて、ビットコインが「配布」される。この過程を、「採掘」(mining)と呼んでいる。すなわち、金やダイヤモンドの採掘のように、実際に価値のある物質が増えるわけではなく、いわば、町内の掃除などの公共の仕事をした見返りとして、その仕事の量に応じて町内で使うことのできる商品券が配られるというようなプロセスが、ビットコインの「採掘」なのである。

以上のプロセスは概念上、そして計算上定義されるが、それを実行するためには具体的な物質的裏付けがなければならない。コンピュータを動作させるためには、電力が必要とされる。結果として、ビットコインの採掘は、大量の電力が安価で得られる場所に採掘のための巨大なコンピュータ群を置く競争となっている。２０１９年に出されたある分析では、ビットコインの採掘、その分散台帳の維持のために、人口約一千万人のチェコ共和国と同等の電力を消費している計算になるという。

ビットコインを始めとする「仮想通貨」(virtual currency)、あるいは「暗号通貨」(cryptocurrency) は、あたかも概念の世界に存在しているように思いがちだが、それを現実世界に実装し、維持するためには、巨大な物理的装置、そしてエネルギーが必要となる。概念や計算のプロセスは、仮想のレベルでは何の限定もなく実行できるような気がするけれども、実際には具体的な物質系として実装され、エネルギーを消費して初めて動作が可能になる。計算論や設計論で進めていくと、ときに議論が現実離れしてしまう。

何かをするためにはエネルギーが必要であるということを認めながらも、その解決の概念、モデルが極端に行ってしまう場合もある。

イギリス生まれのアメリカの物理学者フリーマン・ダイソン (Freeman Dyson) が考案、提唱した「ダイソン球」(Dyson sphere) は、太陽のような恒星を人工的な構造物で覆ってしまって、放出されるエネルギーのほとんどを吸収して使用するという構想である。ダイソンは、文明が発達するに従って必要とされるエネルギー量は無制限に増大するという考察から、このようなアイデアを１９６０年に科学雑誌『サイエンス』(Science) に発表した論文で提案した。

ダイソンは、量子電磁気学の分野で用いられる「ダイソン級数」や、「ダイソン方程式」などを提唱したことでも知られる第一級の物理学者である。従って、「ダイソン球」のような提案も、荒唐無稽に見えながらその背後には厳密な計算がある。

しかし、計算として成り立つということは、それが実現できるということを必ずしも意味しない。実際、ダイソン球は思考実験としては興味深いものの、それが実現できると考える人はほとんどいないだろうし、宇宙広しといえども、ダイソン球を構築している知的生命体がいるとも思えない。

それにも関わらず、人工知能について書かれた論考には、しばしばダイソン球が登場する。物理的な制約や実現性をとりあえずは捨象して、純粋な思考実験としての可能性を探るという点において、人工知能の研究とダイソン球の思考実験には共通する精神性があると言えるだろう。

人間の脳が一番効率がよいのか

人工知能をめぐる議論、とりわけ、「シンギュラリティ」をめぐる議論は、そのような計算過程をいかに物理的に実装するかということは考えずに行われていることが多い。

このような、物理的な基盤や、そこで消費されるエネルギーをとりあえずは忘れて純粋に情報論的、ないしは計算論的なレベルで議論することは、数理的「本質」を見出す上では有効である。

その一方で、物理的な基盤とか、エネルギーの消費などの次元を配慮しないでロジックを進めていくと、人工知能の未来、その展開についてどれほど素晴らしい可能性を描いたとしても、実現できなかったり、持続可能ではなくなる。

インテルの共同創業者の一人、ゴードン・ムーア（Gordon Moore）が1965年に書いた論文の中で提唱した「ムーアの法則」（Moore's law）は、集積回路の集積度がほぼ18ヵ月ごとに2倍になる（それにともなって消費電力も少なくなる）とする。発表以来、ムーアの法則が曲がりなりにも成立してきたことで、現実的な側面をあまり考慮しないで計算論の議論を行う雰囲気が醸成された。すなわち、計算論的な次元での「進歩」があれば、それを支えるかあるいは上回る物理的なレベルでの計算資源の増大が見られてきたので、今後もそのような改善が行われると期待して、自由に概念や計算論のレベルでの議論を行ってきたのである。

しかし、ムーアの法則が今後永遠に続く保証はないし、すでにその限界が見えてきているという指摘もある。また、たとえ集積回路に関してはムーアの法則が続くとしても、人工知能が高い能力を持ち、それが実装されて、ボストロムの言う「オラクル」から「ジーニー」になり、さらには「ソヴァリン」へと、人間の社会全体を支配するようになってきた時に、その物質的、エネルギー的、そして環境的コストの全体が持続可能なものであるかどうかはわからない。

これまで開発された人工知能は、結局、環境の中で自立するに至っていない。その証拠に、人工知能を身体的に実装したロボットでも、未だに野生化した「野良ロボット」は存在しない。

ディープマインド社が開発した人工知能「アルファゼロ」はチェス、将棋、囲碁において人間の脳をはるかに凌駕している。しかし、ある試算によれば、アルファゼロは人間の脳に比べて一万倍もエネルギー効率が悪い。従来の人工知能は、エネルギー効率のような物理的次元を考えずに能力の向上ばかりを追求してきたとも言えるのである。

今後、アルファゼロのような人工知能が必要とするエネルギーは減少するかもしれないが、現時点では、対局中、お昼ごはんを食べるだけで機能を維持できる人間の棋士の方がはるかにエネルギー効率がすぐれている。

19世紀から20世紀初頭にかけて活躍し、「エントロピー」(entropy) の概念などを定式化することで統計力学などに偉大な貢献をしたオーストリアの物理学者、ルートヴィヒ・ボルツマン（Ludwig Boltzmann）は、生物の進化において重要な意味を持つのは、物質ではなく利用可能なエネルギーをめぐる生存競争であると看破した。

人工知能に凌駕されつつあるとは言いながら、長い生物の歴史の中でゆっくりと進化してきた人間の脳は侮れない。実際、人工知能が発達するにつれて、実はもっとも優れている資源は人間の脳であるという見直しが進むかもしれない。これからは、人工知能が「指図」して、人間の脳を貴重な計算資源として用いることになるという予測もある。

人工知能の発達によって、人間の多くの仕事が失われると予測したオックスフォード大学の研究者による論文が話題になった。しかし、実装の難しさ、持続可能性や、エネルギー効率を考えると、人間の脳が完全に無用になることはないだろう。

人間の脳は、人工知能において今問題にされているような「賢さ」よりも広い「生命」の文脈の中で、長い間かけて育まれてきている。人工知能研究コミュニティが「アナーキー」で反権威主義的」な議論を進めたとしても、脳という計算の「身体性」（embodiment）を否定することは思い上がりであり、理論的にも大きな間違いを犯すことになるだろう。

身体性は、脳にとどまるわけではない。

近年の神経科学においては、脳腸軸（brain-gut axis）が注目されている。「第二の脳」（second brain）とも呼ばれる腸は、腸内フローラ（gut flora）と呼ばれる細菌の複雑な共生関係（symbiosis）を通して効率よく消化吸収したり、異物を排除するなどの免疫の働きを担う他、脳との間の密な情報のやりとりを通して気分などにも影響を与えていることがわかってきている。

例えば、「なんとはなしに憂鬱だ」というような時に、これまでは脳の中のセロトニン（serotonin）のような神経伝達物質（neurotransmitter）の働きが注目されてきたが、腸内細菌のバランスが崩れているといった要因もあることがわかってきている。

将棋や囲碁の棋士の調子の良し悪しにも、腸内フローラが影響を与えるかもしれない。そのような身体性を含めた人間の脳の全体像は、現在の人工知能研究の延長線上ではとらえられないし、そもそも前提としている文脈が異なる。

クオリアと人工意識

身体性を軽視するという人工知能のあり方は、社会的には既存の権威や慣習を重視するかどうかということと関係するが、より根源的には、「ビッグデータ」に基づく「統計」的な学習で知性を高めていこうとする今日の人工知能研究の前提、その戦略そのものの中にある限界、脆弱性と関係している。

クオリアを生み出すもの、意識を生み出すものは、「今、ここ」で起こっている神経活動、その相互関係であって、それを一体となって支えている身体性である。

「ビッグデータ」を元にした「統計的」アプローチが前提にしているのはそのような時間的、空間的、身体的限定を離れて、自由に「アンサンブル」を定義してその解析をするという方法論であり、それは「写像」概念を通して普遍的な数学的真理に到達するということには役立つかもしれないけれども、それを「今、ここ」の「私」の「意識」に結びつけることには直結しない。むしろ本質からは離れてしまって、暗い所で鍵を落としたのに明るい所で探すことになりかねない。そこには「身体性」がない。

だからこそ、「クオリア」の科学的究明や、「人工意識」の可能性ということに常に留意しておくことが必要である。それが、私たちの身体性に錨《いかり》を下ろす唯一の道だからだ。

物的資源やエネルギーを効率よく用いることができるということが、さまざまなクオリアにあふれた意識を生み出す「身体性」の本質的な要件の一つである。このことは、そもそも生物というものが環境の中でどのような淘汰圧（selection pressure）にさらされているかを考えてみれば、ある意味では当然のこととも言えるだろう。

「アルファゼロ」のような、事実上、無尽蔵の資源を用いることを前提としている人工知能のシステムに対して、人間の脳は身体性の限定の下に、エネルギー効率がきわめてよいかたちで働けるように進化してきている。ビッグデータを駆使した統計的な学習則とは異なる戦略で進化、学習してきた人間の脳は、「クオリア」というかたちで情報論的な効率のよいかたちで環境に適応している。

クオリアに支えられた人間の情報処理は、「直観」（intuition）というかたちで現れる。その「直観」は、身体性と深くつながっている。将棋や囲碁の棋士は、まず「直観」で指すべき手、打つべき手を「悟って」、その後に論理的な推論をしてそれを裏付ける。直観は、「今、ここ」の身体性の限定からこそ生み出される。

進化の過程でクオリアを生み出してきた脳は、今日の人工知能のように無尽蔵な「記憶」の働きを前提にした統計的学習を行うことはできない。脳は、ウィノグラード・スキーマ・チャレンジ（第四章）で問われているような言葉の意味の理解を、ＧＰＴ－２のように、シェークスピアの全作品の数千倍のテクストを学習し、統計的に処理することで立ち上げているのではない。

「クオリア」と「人工意識」を探求の中心に据え続けることは、私たちの努力を、「生命」や「身体性」の現場につなぎ留めるためにどうしても必要なことである。

哲学者の廣松渉は、弟子たちに、常々、「学問の修業の際には一日に何千ページも読むようでなければダメだ」と言い聞かせていたという。

廣松が言うことは到底実行できるとは思えない。それは、一つの「もののたとえ」だろう。それだけ学問というものは厳しいものだと若者に伝えたかったのだろう。

廣松渉が「学問の修業の際には一日に何千ページも読むようでなければダメだ」と言っていたと聞いた時に私たちの心の中に立ち上がる凜とした緊張感や、長い道を行こうという志向性のたのもしさは、GPT－2が「シェークスピアの全作品の数千倍のテクスト」をビッグデータとして統計的に学習した時に立ち上がるものとは全く異なっている。

学問に対して厳しい態度を貫いた廣松渉だったが、東京大学駒場キャンパスで開かれた科学哲学の研究会で私が接したその人は、ひだまりの中のたんぽぽのようにやわらかな印象だった。

しかし、眼光だけは鋭かった。

廣松先生が今生きていらしたら、「クオリア」や「人工意識」の問題にどのようなお考えを持たれるかということを、時々想像して見ることがある。

二つの文化

20世紀に活躍したイギリスの物理学者で小説家のC・P・スノー（Charles Percy Snow）は、1959年にケンブリッジ大学で行われた「二つの文化」（The two cultures）という講演、及びそれに基づいた『二つの文化と科学革命』（The Two Cultures and the Scientific

Revolution）というエッセイを通して広い影響力を持った。

この文章の中で、スノーは、自然科学（science）的な知と、人文学（humanities）的な知の関係を論じて、現代においては二つが分裂してしまっていることを嘆いた。

「私は、これまでに幾度となく、伝統的な文化の基準からいえば高い教育を受けている人たちの集まりで、その人たちが科学者がいかに文化的素養がないかと嘆いているのを聞いたことがある。私はそれで、少し挑発された気持ちになって、彼らの中の何人が『熱力学の第2法則』を説明できるのかと聞いてみた。彼らの反応は、冷たく、そして否定的なものだった。しかし、私は、文学でいえば、『シェークスピアの作品を読んだことがあるか』といった質問に相当することを尋ねていたのだ」（著者による訳）

今から約60年前にスノーが目にしていた対立は、かたちを変えて今でも存在する。スノーが嘆いていたことは、日本で言えば「文系」、「理系」といった矮小化されたかたちで問題になり続けている。

イギリスでは、「オックスフォード大学に行くと、世界が自分のものだと思うけれども、ケンブリッジ大学に行くと、世界が誰のものでもかまわないと思う」という表現を耳にすることがある。前者が人文的な知に重きを置いて、後者が自然科学に重きを置く傾向があることを受けたジョークである。また、オックスフォード大学の学生は、ケンブリッジ大学のことを、「湿地にある工科大学」(Fenland Polytechnic)と呼んでバカにするのだと聞いたことがある。丘陵地帯にあるオックスフォードに対して、ケンブリッジはケム川の流れる低湿地にあり、自然科学や工学が盛んであることをとらえ、揶揄している。

大西洋を挟んでアメリカでも、ボストンにあるハーバード大学とマサチューセッツ工科大学(MIT)の間では対立関係があると聞く。MITの学生は、ハーバードの学生はカフェやパブで優雅に議論ばかりして実際には役立たずだと評する。それに対して、ハーバードの学生は、MITでは、深夜になっても、分厚い眼鏡をかけた学生が廊下を徘徊しているとバカにするのだという。

このような自然科学と人文学の間の対立は、しかし、現代においては情報科学や人工知能といったアプローチによって、ほとんど無効化されつつあるようにも見える。

20世紀の科学の大きな流れは、その研究対象が「物質」(matter)から「情報」(information)になったことだった。人文学において重要な手法である自然言語は、「文字列」という名前の「情報」となり、その属性も、「何ビット」と表現できるものになった。

デカルトの『方法序説』も、ヴィトゲンシュタインの『論理哲学論考』も、「情報量」

としてはそれぞれ何ビットかの文字列に過ぎない。

スノーが「二つの文化」の対立を嘆いた時代から、人間の社会のあり方は大きく変わった。強いていえば、「文化」(culture)は消えて、「文明」(civilization)だけが残った。

今日でも、人文学の達人たちは、コンピュータサイエンスや人工知能の研究者、技術者たちを「教養がない」と揶揄するかもしれないが、前者と後者の力関係は、スノーの講演の頃とは全く変わってしまっている。

今日において「絶滅危惧種」なのは、むしろ人文学の守護者たちの方である。どんなに深遠な哲学も、どれほど画期的な洞察に満ちた講演も、ネット上でやりとりされるテクストや動画といった「コンテンツ」である時代に、人文的価値を説く者たちが、その「情報」の流通のプラットフォームを設計し、実装し、支配する者たちに対抗する術はほとんどない。

もちろん、人文学の領域が大切にしていたものの価値がなくなってしまったわけではない。しかし、スノーが「二つの文化」の違いを嘆いた当時に比べると、人文学の教養を持った者たちの自負も、随分弱くなってしまった。

今日では、「熱力学の第2法則」はともかく、「アルゴリズム」や「計算理論」の基礎を知らない者の肩身は知の最先端の現場においてかなり狭いと言わざるを得ないだろう。

「否定神学」から「肯定人間学」へ

本書で論じてきたように、人工知能に関する議論はどんどん先鋭化している。そして、それは、人間的な領域から離れていく「遠心性」を持つ。

人工知能の研究コミュニティには、今までの人間のあり方を超えて、「ポストヒューマニズム」や「トランスヒューマニズム」へと向かう衝動がある。私たちが大切だと思ってきた「意味」、「意識」、「身体」、あるいは「母なる地球」が実は本質的ではないと主張する流れがある。「人間」という概念はより一般化されて、コンピュータの中のデジタルデータにされ、火星にだって伝送できる。そんな大胆で勢いのある言説をよしとする雰囲気が満ちあふれている。

現代の人工知能の研究を支える世界観は、徹頭徹尾、この世界を「フラット」にとらえるという精神性とつながっている。しかし、そのような否定神学的な論調の依って立つ理論的基盤が実は危ういということを、本書では議論してきた。

本来、私たちが主観的に体験する世界で大切なのは、個別性である。

「私」という存在。

その「私」という意識の中で感じられる、一つひとつの「クオリア」。

「私」が一つの文章に接した時に了解する「意味」。心が受ける「感動」。そこから始まる、ひょっとしたら人生の長さだけ続く「衝動」。

人工知能のアプローチを支えるベイズ推定のような統計的な手法では、これらの個別性は、すべて、「アンサンブル」の中の「データ」の一つになってしまう。

しかし、私たちの一人ひとりの人生は、「アンサンブル」の中の「データ」の一つではない。「今、ここ」で感じる意識の流れを離れて、私たちが生きるということはない。

私たちは、自分の身体の重さを引き受けて運動してこそ、そのような日常を心に刻み込んでこそ、学びや成長を目指すことができる。

私たちは、決して、統計の海の中に浮かぶデータとして生きているのではない。

江戸時代の国学者、本居宣長が、弟子たちにその学問の方法論を語ったとされる『うひ山ぶみ』。

山に修行に入る人が、その第一日に、初々しい思いを胸に秘めて、麻衣をまとって一歩一歩踏みしめていく。

「いかならむ　うひ山ぶみの　あさごろも　浅きすそ野の　しるべばかりも」

（「どうだろうか。初めて山に踏み入るその人のまとう麻衣のように、この書物もまだ山も浅いすそ野であるならば、一つの道標になるのだろうか」）

本居宣長の言葉を読んで心を動かされ、学問を志す人にとっては、右の文字列は単なるビット数だけではとらえられない。

もちろん、かつて19世紀の初頭にイギリスの繊維産業の工業化が進む地域で起こった、新しい技術の進展に反対する立場から機械を打ち壊そうとする「ラッダイト運動」のようになることには意味がない。

人工知能の研究、及び技術の発展は目覚ましい。完全自動運転は必ず社会を変えていくことだろう。人類が直面するさまざまな難しい課題を解決するために、人工知能が複雑なデータを分析し、モデルでシミュレーションして、政策立案をサポートしていく動きは確実に進んでいくことだろう。新しい薬品の開発や、治療法の開発に、人工知能は大いに貢献していくに違いない。

計算する能力や、たくさんの知識を覚えておく脳機能、異なる言語の間で翻訳をする技術など、これまで大切だとされていた人間の能力の多くは不必要になり、人間はより非典型的で創造的な活動に多くの時間を費やすようになっていくことだろう。

これらの変化は避けられないし、望ましいものである。

しかし、だからと言って、人工知能に象徴される科学や技術の方向性に流されて、「人間」そのものから私たちが離れていってしまってはならない。人間からの「遠心力」に抗して、人間そのものへの「求心力」を打ち立てなければならない。

そのためには、「クオリアと人工意識」というテーゼを忘れてはいけない。そこにこそ、現代の人工知能の研究によっては担保されない、「今、ここ」の自然現象としての私たちの主観的体験を究明する知的営みの方向性がある。

もちろん、人工知能の研究の意味がないわけではない。そこで展開されている統計的な学習則は、重要な拘束条件として、「クオリアと人工意識」の研究へと接続されていくことだろう。

人工知能の研究を、クオリア、そして人工意識の研究に昇華させることで、「人工知能」に始まる「鏡」には、私たちの姿がよりくっきりと映るようになる。

「私」という存在は、その「意識の流れ」は、この宇宙の悠久の歴史の中で「私」という人間の誕生とともにたった一度だけ現れて、そして「私」という人間の死とともに消え、二度と繰り返さない。このような「自己意識」に関する「セントラルドグマ」は果たして正しいのか？

「私」の「意識」の連続性という謎には、「時間」の流れの謎が関係している。そして、そこに、ベルクソンの論じた「純粋記憶」が重要なヒントとして浮上してくる。

果たして、「私」の「意識」の本性とは何か？

いつかは、この究極の問いに対する答えも見えてくることだろう。

そのためには、私たちは、「人間」から離れてしまってはいけない。そして、人間は、地球の生態系と密接につながっている。

イーロン・マスクが、人類の滅亡に備えて地球以外にも人口を分散させる必要があると発言したTEDコンファレンス（第七章）では、その後のセッションで印象的な場面があった。ある登壇者が、マスクが言うような地球外への移住の可能性を探る前に、そもそもこの地球の環境を守り、この地球上での私たちの生存を持続可能なものにすることの方が先決なのではないかと発言して、大きな拍手を受けたのである。

人工知能研究者の一部に見られる、人間の知性や意識のあり方を相対化する、理論的根拠が脆弱な「ファンタジー」に興ずる前に、私たちは、もっと真剣に、人間の生命のあり方、身体性のあり方、何よりも意識のあり方という足元の「井戸」の中に深く下りていく必要があるのではないか。

人工知能の「否定神学」から、「クオリアと人工意識」に焦点を当てた「肯定人間学」

へ。

そのような転換ができるかどうかに、これからの私たち人間の知的探究の成果と、地球上の人類の文明の持続可能性がかかっている。

エピローグ

「大成功だったわね！」

「うん！」

タケシの声ははずんでいた。

タケシがエイダ・ラブラスの役を演じた劇は、とても素晴らしい出来だった。

「ぼく、エイダの気持ちがわかったような気がするよ」

「ずいぶん、一生懸命演じていたものね」

サユリから見ても、まるで、タケシにエイダが乗り移ったんじゃないかと感じられるほどだった。

「うん、ママから借りた髪飾りが役に立ったよ」

「よかったわね！」

「うん、ありがとう！」

タケシがこんなにうれしそうなのは、ずいぶん久しぶりに見るような気がする。

「ねえ、ママ」

タケシの声の調子が少し変わった。

「エイダだって、ぼくくらい小さな時があったんだよね」

「そうね」

「その頃、エイダは何を考えていたのかな?」

「さあ、お父さんが、バイロン卿と言って、有名な詩人だったから、その影響も大きかったんじゃないかしら」

サユリは、バイロン卿とエイダの母親の間にあった複雑な関係についてはタケシに言うつもりはなかった。

まだ、そんな話をする時期ではない。

それに、ずっと昔の遠い国の家族のこととは言え、不用意に「父親」の話をするのは、サユリとタケシにとってはきっとタブーだった。

「ねえ」

タケシが突然聞いた。

「ぼくは、死んだらどうなるの?」

「えっ、どうして?」

「だって、エイダだって、ぼくみたいな小さな頃があって、それから大きくなって、人類で最初のプログラマーになって、でも、やがて死んでしまったでしょう。人間は、みな、死ぬよね。ママも死ぬし、ぼくもそのうちに死ぬ」

「そうね……」

サユリは、どう答えるか迷っていた。

サユリは、本当は、こう答えたかった。

一人ひとりの人間が、「私」という意識を持って、この宇宙の歴史の中でたった一回だけ生まれて、それから死んでいくというのは、おそらく勘違いだ。

それどころか、「私」の意識が唯一のものだということも、きっと間違っている。

サユリの意識と、タケシの意識は、実は同じだ。

この世界には、たった一つの意識しかない。

記憶がつながっているとか、人格が似ているとか、そういうことで意識が区別できるという前提が、本当は論理的には怪しい。

昔、ある物理学者が、この世界の電子の質量がみな同じなのは、実はこの宇宙には電子が一個しかないからだと言ったように、実はこの宇宙には意識は一つしかないのだ。

一人ひとりの意識が別々にあるというのは、生命を維持する上では必要な、しかし究極的には間違っている幻想だ。

本当は、この世界には、たった一つの「意識」しかないのだ。

その言い方が穏当でないと言うならば、たった一つの「意識」の「在り方」しかないのだ。

サユリは、本当はそう言いたかった。

サユリは、実は、そのようなことを主張するエッセイを書いていた。そのうち、ネットに上げて、人工知能の研究者たちが集う「レスロング」(Less Wrong)にもリンクを張るつもりだ。

だけど、今のタケシにそのようなことを言っても、何になろう。

タケシは、もう、今日のうちにやるべきことをした。

タケシが演じたエイダ・ラブラスは、実際のところ素晴らしかった。

きっと、お腹も空いていることだろう。

今は、休むべき時だ。

タケシは、サユリが何を言うのか、じっと見つめて待っている。

サユリには、やっと、タケシに言うべきことがわかった。

「今日の夕飯は、クリームシチューにするわね」

「うん!」

タケシの目が輝いていた。
タケシが、うれしそうに自分の部屋へと通じる階段を登っていく。
足が軽快なリズムを刻んでいる。
タケシは、クリームシチューにコッペパンを浸して食べるのが、大好きなのだ。

あとがき

理学部物理学科の大学院生だった私が脳の問題に興味を持ったきっかけは、本書でも随所で言及したイギリスの数理物理学者ロジャー・ペンローズの著書『皇帝の新しい心』を読んだことだった。この本の中で、ペンローズは人工知能の限界を説いた。

博士号取得後、理化学研究所の伊藤正男先生の下で脳の研究を始めて二年が経とうとしていた時、「クオリア」の問題に気づいて、以来、「意識」の解明がライフワークとなった。

その後の時間の流れの中でも、私が脳の研究に入るきっかけとなったペンローズの本、そして人工知能の研究と可能性についてはずっと心の中にあったが、ここ数年、人工知能が急速な発展を遂げるようになった。そこで、人工知能と意識の関係を論じる必要性を強く感じるようになった。

私にとっては、このテーマで本当に久しぶりに書き下ろす本である。筆をとることをためらっているうちに、この分野の本の最後の出版からいつの間にか十数年という驚くべき時間が経ってしまった。これだけ長い時間自分にとって大切なテーマについて本を書かないでいると、随分と言いたいこと、考えたいことがたまってくる。

人工知能、クオリア、そして人工意識について議論すべきこと、検討すべきことは多い。本書では、その中でも、私にとって最も大切な、そして本質的だと思える問題について考えた。また、人工知能の研究に関連して、押さえておくべき流れ、重要な考え方にできるだけ多く触れようと思った。

もちろん、ここで論じる流れは世界的に共通したものである。日本語の情報だけでなく、英語の情報も重要である。このことから、文中で重要な概念は英語の表記も記して検索できるようにした他、参考文献には英語の資料も重要なものを挙げた。

人工知能の研究の発展は目覚ましい。しかし、その限界もある。特に、人工知能の研究、技術が依って立つ統計的な学習則については、確かに有益であり強力な道具であるけれども、それだけではクオリアの謎に迫ったり、人工意識をつくることはできないと私は考えている。

本書で何回か指摘したように、暗いところで鍵を落としたのに、そこに明かりがあるから（扱いやすい数学的形式、手法があるから）と言って、遠く離れた街灯の下で探しても、いつまで経っても鍵は見つからない。

クオリアの謎の解明、人工意識の構築に向けての道筋は、まだはっきりとはしていない。本書では、その探究にむかっての道筋のいくつかのポイントを示したつもりである。

本書におけるアンリ・ベルクソンの「純粋記憶」の問題についての解釈は、独自のもので、新しい方向を示すものと自負している。学生時代に『物質と記憶』を読んで以来、ずっとひっかかってきたことの正体が長年考えているうちに少しずつ見えてきた。

エピローグでのタケシとサユリの会話の中で示された、「私」の「自己意識」についての結論に驚く読者もいるかもしれない。しかし、第九章で議論したような「自己意識」の成り立ちについての諸条件を論理的に詰めていって、また、情報の同一性が自己意識の同一性ではないこと、「私」の「コピー」の意識が「私」の意識とは無関係であることなどを俯瞰して考慮すれば、むしろ自然にこのような考えに導かれる。

もちろん、「自己意識」の成り立ちについては、まだまだ考えてみるべき問題が残されている。茂木健一郎『脳とクオリア——なぜ脳に心が生まれるのか』（講談社学術文庫）の第九章にも関連する議論があるので、興味がある方は参照していただきたい。

エピローグ中に引用されている「世界には電子が一つしかない」という説は、本書でも言及した量子電磁気学で偉大な業績を残した物理学者リチャード・ファインマンに対して、その師匠に当たるやはり偉大な物理学者のジョン・ホイーラーが語った考え方である。

寓話風のプロローグで始まり、本文があって、その後寓話風のエピローグで終わるという本書の形式は、大学院生の時に読んで私を脳の研究にいざなうきっかけとなったペンローズの『皇帝の新しい心』の形式にインスピレーションを受け、それにならったものである。

人工知能がブームになって以来、この数年出版された多くの論文、刊行された多くの書籍（主に英語圏のもの）、そしてインターネット上にも公開されている討論会や、講演にたくさん接してきた。本書には、私自身の人工知能、クオリア、人工意識に関する見解と同時に、このような世界の潮流の重要なものが反映されているはずである。その意味では、人工知能研究の現状、その背景になるマインドセット、時代精神のようなものを知りたい人にとっては格好の入門書になると自負している。

脳科学を始めるきっかけとなった故伊藤正男先生に心からの感謝を捧げる。伊藤先生は議論をする度に温かく、そして鋭い洞察に満ちた言葉を与えてくださった。最後にお話ししたのは亡くなる一年前くらいのことで、意識を生み出すメカニズムでもある大脳新皮質の計算論が必要なんだよなあ、というふうに伊藤先生はおっしゃっていた。伊藤先生の広い視野と深いお考えは、脳科学の研究対象として意識というやっかいなテーマを選んでしまった私にとって、常に行くべき先を照らす光となった。

ケンブリッジ大学留学中にお世話になり、その後も毎年のように会い、お話しさせていただいているホラス・バーロー教授にも心から感謝する。バーロー教授自身は神経科学における統計的学習則、とりわけベイズ推定の導入のパイオニアであり、この分野における「ゴッドファーザー」のような存在である。かのアイザック・ニュートンも所属していたトリニティ・カレッジのダイニングホールで、ご自身の考えとは異なる私の話を辛抱強く聞いて、的確なコメントをくださるバーロー教授から、私は多くのことを学んだ。

講談社現代新書編集部の西川浩史さんに感謝する。せっかく久しぶりに書き下ろすのだから、思い切りハードな本にしようと思っていた矢先に、西川さんが「多くの人が読んで楽しめる本にしましょうね」と口にしたことで私は大いに反省した。そして、自分が大量に読んでいた英語圏の人工知能に関する一般向けの本のことを思い出し、それらを貫く、内容は妥協しなくても表現はわかりやすくという姿勢を肝に銘じて、読者に楽しんでもらえる本にしようと心がけたつもりである。

「ストーリーテリングを大切に！」これが、私が西川さんの一言から受けたインスピレーションだった。それでも本書の中にわかりにくい部分が残っているとすれば、それは私のせいで、西川さんのせいではない。

最後に、ジェンダーや社会的な立場などに関係なく、すべての人がその個性を活かすことができるような世の中になることに、つまりは、人間がもっと自由な存在になることに、人工知能や意識の研究が貢献できればと思う。プロローグとエピローグで触れた人類初のプログラマーである素晴らしい女性、エイダ・ラブラスは、個性が輝く生き方の象徴であるし、タケシとサユリの会話の中にも、随所にそんな願いが込められている。

茂木健一郎

2020年4月　東京にて

参考文献

本文中にトピックが登場する順番で、参考になる資料を記した。
海外の書籍で、日本語訳があるものは、それのみを記した。
インターネット上の動画等については、URLを示した。

プロローグ

フィオナ・ロビンソン著、せなあいこ訳『世界でさいしょのプログラマー――エイダ・ラブレスのものがたり』評論社

アンドルー・ホッジス著、土屋俊、土屋希和子、村上祐子訳『エニグマ――アラン・チューリング伝（上下）』勁草書房

第1章

Watson and the Jeopardy! Challenge
（IBM Research による公式動画）
https://www.youtube.com/watch?v=P18EdAKuC1U

Silver, D., Hubert, T., Schrittwieser, J., Antonoglou, I., Lai, M., Guez, A., Lanctot, M., Sifre, L., Kumaran, D., Graepel, T., Lillicrap, T., Simonyan, K., & Hassabis, D.（2018）. A general reinforcement learning algorithm that masters chess, shogi, and Go through self-play. *Science*, 362(6419), 1140-1144.

シルヴィア・ナサー著、塩川優訳『ビューティフル・マインド――天才数学者の絶望と奇跡』新潮社

ニック・ボストロム著、倉骨彰訳『スーパーインテリジェンス――超絶ＡＩと人類の命運』日本経済新聞出版
ロジャー・ペンローズ著、林一訳『皇帝の新しい心――コンピュータ・心・物理法則』みすず書房
Mogi, K. (2013). Cognitive factors correlating with the metacognition of the phenomenal properties of experience. *Scientific Reports*, 3, Article number: 3354. doi:10.1038/srep03354.

第11章

Spearman, C. (1904). "General Intelligence," Objectively Determined and Measured. *The American Journal of Psychology*, 15(2), 201–292.
Spearman, C. (1907). Demonstration of Formulæ for True Measurement of Correlation. *The American Journal of Psychology*, 18(2), 161–169.
益川敏英『僕はこうして科学者になった――益川敏英自伝』文藝春秋
ハワード・ガードナー著、黒上晴夫訳『多元的知能の世界――ＭＩ理論の活用と可能性』日本文教出版
ハワード・ガードナー著、松村暢隆訳『ＭＩ――個性を生かす多重知能の理論』新曜社
ダニエル・ゴールマン著、土屋京子訳『ＥＱ――こころの知能指数』講談社
リチャード・ファインマン著、大貫昌子訳『ご冗談でしょう、ファインマンさん（上下）』岩波現代文庫
アンジェラ・ダックワース著、神崎朗子訳『やり抜く力　ＧＲＩＴ（グリット）――人生のあらゆる成功を決める「究極の能力」を身につける』ダイヤモンド社
LeCun, Y., Bengio, Y., & Hinton, G. (2015). Deep learning. *Nature*, 521(7553), 436–444.
Sapir, Edward (1921). *Language: An Introduction to the Study of Speech*, Harcourt, Brace and Company.
Whorf, B. L. (1956). Carroll, John B., Levinson, Stephen C. & Lee, P. (ed.), *Language, Thought, and Reality: Selected Writings of Benjamin Lee Whorf*, MIT Press.

Krupnik, I., *et al.* (2010). Franz Boas and Inuktitut Terminology for Ice and Snow: From the Emergence of the Field to the “Great Eskimo Vocabulary Hoax”. in Krupnik *et al.* (2010). *SIKU: Knowing Our Ice: Documenting Inuit Sea-Ice Knowledge and Use*. New York, NY: Springer, 377–400.
Goodfellow, I., Pouget-Abadie, J., Mirza, M., Xu, B., Warde-Farley, D., Ozair, S., Courville, A., & Bengio, Y. (2014). Generative Adversarial Nets. Proceedings of the 27th International Conference on Neural Information Processing Systems (NIPS 2014), 2672–2680.
Wilson, R. C., Shenhav, A., Straccia, M., & Cohen, J. D. (2019). The Eighty Five Percent Rule for optimal learning. *Nature Communications*, 10(1), 1-9.
スピノザ著、畠中尚志訳『エチカ（上下）』岩波文庫

第三章

J・D・バロー著、林一訳『万物理論――究極の説明を求めて』みすず書房
茂木健一郎『脳とクオリア――なぜ脳に心が生まれるのか』講談社学術文庫
アンリ・ベルクソン著、中村文郎訳『時間と自由』岩波文庫

第四章

マックス・テグマーク著、水谷淳訳『LIFE3.0――人工知能時代に人間であるということ』紀伊國屋書店
ウォルター・アイザックソン著、二間瀬敏史、関宗蔵、松田卓也、松浦俊輔訳『アインシュタイン――その生涯と宇宙（上下）』武田ランダムハウスジャパン
Bjork, R. A. (1994). Institutional Impediments to Effective Training. *Learning, remembering, believing: Enhancing human performance*. National Academy Press, 295–306.
デイヴィッド・J・チャーマーズ著、林一訳『意識する心――脳と精神の根本理論を求めて』白揚社

ウィトゲンシュタイン著、野矢茂樹訳『論理哲学論考』岩波文庫
G・レイコフ、R・E・ヌーニェス著、植野義明、重光由加訳『数学の認知科学』丸善出版
フェルディナン・ド・ソシュール著、町田健訳『新訳 ソシュール 一般言語学講義』研究社
モーリス・センダック著、わきあきこ訳『まどのそとの　そのまたむこう』福音館書店
Turing, A. (1950). Computing Machinery and Intelligence. *Mind*, 49(236), 433–460.
Winograd, T. (1972). Understanding Natural Language. *Cognitive Psychology*, 3(1), 1–191.
Kitano, H. (2016). Artificial intelligence to win the Nobel prize and beyond: Creating the engine for scientific discovery. *AI magazine*, 37(1), 39–49.

第五章

Haugeland, J. (2002). Authentic Intentionality. in Scheutz, M. (ed.), *Computationalism: New Directions*. MIT Press, 159–174.
J・フォン・ノイマン著、柴田裕之訳『計算機と脳』筑摩書房
Boston Dynamics 公式ユーチューブチャンネル
https://www.youtube.com/user/BostonDynamics
アンリ・ベルクソン著、合田正人、松井久訳『創造的進化』筑摩書房
Leonard, M. K., Torres, C., Travis, K. E., Brown, T. T., Hagler Jr, D. J., Dale, A. M., Elman, J. L., & Halgren, E. (2011). Language proficiency modulates the recruitment of non-classical language areas in bilinguals. *PLOS ONE*, 6(3).
Saville-Troike, M. (1988). Private speech: Evidence for second language learning strategies during the “silent” period. *Journal of Child Language*, 15: 567–590.
Rodriguez, E., George, N., Lachaux, J. P., Martinerie, J., Renault, B., & Varela, F. J. (1999). Perception’s

shadow: long-distance synchronization of human brain activity. *Nature*, 397(6718), 430–433.
Ishikawa, T., & Mogi, K. (2011). Visual one-shot learning as an 'anti-camouflage device': a novel morphing paradigm. *Cognitive Neurodynamics*, 5(3), 231–239.
Ishikawa, T., Toshima, M., & Mogi, K. (2019). How and when? Metacognition and solution timing characterize an "aha" experience of object recognition in hidden figures. *Frontiers in Psychology*, 10, 1023.
Ishikawa, T., Toshima, M., & Mogi, K. (2019). Phenomenology of visual one-shot learning: Affective and cognitive components of insight in morphed gradual change hidden figures. Advances in Neural Networks – ISNN 2019, 522–530.
Demis Hassabis: Creativity and AI: The Rothschild Foundation Lecture Series.
（Royal Academy of Arts の公式チャンネル）
https://www.youtube.com/watch?v=d-bvsJWmqlc
Moscovitch M. (1997). Confabulation. in (eds. Schacter D.L., Coyle J.T., Fischbach G.D., Mesulum M.M. & Sullivan L.E.) *Memory Distortion*. Cambridge, Massachusetts: Harvard University Press, 226–251.
Solaiman, I., Brundage, M., Clark, J., Askell, A., Herbert-Voss, A., Wu, J., Radford, A., Krueger, G., Kim, J. W., Kreps, S., McCain, M., Newhouse, A., Blazakis, J., McGuffie, K., & Wang, J. (2019). Release strategies and the social impacts of language models. arXiv preprint arXiv:1908.09203.

第六章

パスカル著、前田陽一、由木康訳『パンセ』中央公論新社
クロード・E・シャノン、ワレン・ウィーバー著、植松友彦訳『通信の数学的理論』筑摩書房
Crick, F., & Koch, C. (1995). Are we aware of neural activity in primary visual cortex?. *Nature*, 375(6527), 121–123.

Crick, F., & Koch, C. (2003). A framework for consciousness. *Nature Neuroscience*, 6(2), 119–126.
渡辺澄夫『ベイズ統計の理論と方法』コロナ社
Mogi, K. (1997). Response Selectivity, Neuron Doctrine, and Mach's Principle in Perception. The Austrian Society for Cognitive Science Technical Report, 97–101. (also published in Mogi, K. (1999). Response Selectivity, Neuron Doctrine, and Mach's Principle in Perception in Riegler, A., von Stein, A., & Peschl, M. (eds.), *Understanding Representation in the Cognitive Sciences*. Springer US, 127–134.)
茂木健一郎『脳内現象』ＮＨＫ出版
茂木健一郎『クオリア入門』筑摩書房
Mogi, K., & Tamori, Y. (1997). Creativity and the neural basis of Qualia. Proceedings of Mind II conference, Dublin, Ireland, September 1997.

第七章

レイ・カーツワイル著、小野木明恵、野中香方子、福田実、井上健訳『シンギュラリティは近い——人類が生命を超越するとき』ＮＨＫ出版
ナシーム・ニコラス・タレブ著、望月衛訳『ブラック・スワン——不確実性とリスクの本質（上下）』ダイヤモンド社
アーサー・Ｃ・クラーク著、伊藤典夫訳『２００１年宇宙の旅』早川書房
Good, I. J. (1965). Speculations concerning the first ultraintelligent machine. *Advances in Computers*, 6(99), 31–83.
Bostrom, N. (2003). Ethical issues in advanced artificial intelligencein Schneider, S., (ed.) (2009). *Science fiction and philosophy: from time travel to superintelligence*. Wiley-Blackwell, 277–284.
Dyson, F. (1981). *Disturbing the Universe*. Basic Books.

Fisher, Ronald A. (1930). *The Genetical Theory of Natural Selection*. Oxford, UK: Clarendon Press.
Hart, Michael H. (1975). An Explanation for the Absence of Extraterrestrials on Earth. *Quarterly Journal of the Royal Astronomical Society*, 16, 128–135.
Yudkowsky, E. (2008). Artificial intelligence as a positive and negative factor in global risk. *Global catastrophic risks*, 1(303), 184.
フランシス・フクヤマ著、渡部昇一訳『歴史の終わり——歴史の「終点」に立つ最後の人間（上下）』三笠書房
FM-2030. (1989). *Are You a Transhuman?: Monitoring and Stimulating Your Personal Rate of Growth in a Rapidly Changing World*. Warner.
リチャード・ドーキンス著、垂水雄二訳『神は妄想である——宗教との決別』早川書房
レイチェル・カーソン著、青樹簗一訳『沈黙の春』新潮社
レイチェル・カーソン著、上遠恵子訳『センス・オブ・ワンダー』新潮社
The narrowness of artificial intelligence. | Ken Mogi | TEDxTokyo
（TEDx Talks の公式チャンネル）
https://www.youtube.com/watch?v=nXUx0yd9QkU

第八章

コリン・マッギン著、石川幹人、五十嵐靖博訳『意識の〈神秘〉は解明できるか』青土社
ジョン・C・エックルス著、伊藤正男訳『脳の進化』東京大学出版会
ジョン・C・エックルス著、大野忠雄、齋藤基一郎訳『自己はどのように脳をコントロールするか』シュプリンガー・フェアラーク東京
Eccles, J., & Popper, K. (1984). *The Self and Its Brain: An Argument for Interactionism*. Routledge.

カール・R・ポパー著、大内義一、森博訳『科学的発見の論理（上下）』恒星社厚生閣
永井均『〈私〉の存在の比類なさ』勁草書房
ジョン・ボウルビィ著、二木武訳『母と子のアタッチメント――心の安全基地』医歯薬出版
Takano, T., & Mogi, K. (2019). Adult attachment style and lateral preferences in physical proximity. *Biosystems*, 181, 88–94.
Onzo, A., & Mogi, K. (2005). Dynamics of betting behavior under flat reward condition. *International Journal of Neural Systems*, 15, 93–99.
Sekine, T., & Mogi, K. (2009). Distinct neural processes of bodily awareness in crossed fingers illusion. *Neuroreport*, 20(5), 467–472.
Sudo, T., Herai, T., & Mogi, K. (2012). Egocentric mental transformation of self: Effects of spatial relationship in mirror-image and anatomic imitations. *Experimental Brain Research*. 221(1), 27–32, DOI: 10.1007/s00221-012-3143-3.
マイケル・サンデル著、鬼澤忍訳『これからの「正義」の話をしよう――いまを生き延びるための哲学』早川書房
Thomson, J. J. (1985). The trolley problem. *The Yale Law Journal*, 94(6), 1395–1415.
Moral Machine（トロッコ問題など、自動運転に関する問題を扱うＭＩＴの研究グループのサイト）
http://moralmachine.mit.edu/
Kahane, G., Wiech, K., Shackel, N., Farias, M., Savulescu, J., & Tracey, I. (2012). The neural basis of intuitive and counterintuitive moral judgment. *Social Cognitive and Affective Neuroscience*, 7(4), 393–402.
ウィリアム・スタイロン著、大浦暁生訳『ソフィーの選択（上下）』新潮社
夏目漱石『こころ』新潮社
夏目漱石『三四郎』新潮社

Block, N. (2011). Perceptual consciousness overflows cognitive access. *Trends in Cognitive Sciences*, 15(12), 567–575.
Libet, B. (1985). Unconscious cerebral initiative and the role of conscious will in voluntary action. *Behavioral and Brain Sciences*, 8(4), 529–539.
ベンジャミン・リベット著、下條信輔訳『マインド・タイム――脳と意識の時間』岩波書店
ダニエル・C・デネット著、山形浩生訳『自由は進化する』NTT出版
Canfield, J. V. (1962). The compatibility of free will and determinism. *The Philosophical Review*, 71(3), 352–368.
Mogi, K. (2014). Free will and paranormal beliefs. *Frontiers in Psychology*, 5, 281. doi: 10.3389/fpsyg.2014.00281.
Wegner, D. (2002). *The illusion of conscious will.* MIT Press.

第九章

レオポルト・インフェルト著、武谷三男、篠原正瑛訳『アインシュタインの世界――物理学の革命』講談社ブルーバックス
ダグラス・アダムス著、安原和見訳『銀河ヒッチハイク・ガイド』河出書房新社
学費無料のプログラム学校「42」
（フランス）
https://www.42.fr/
（アメリカ）
https://www.42.us.org/
（日本）
https://42tokyo.jp/

ウィリアム・ジェイムズ著、伊藤邦武訳『純粋経験の哲学』岩波書店
ジェイムズ・ジョイス著、高松雄一、丸谷才一、永川玲二訳『ユリシーズ』集英社
ヴァージニア・ウルフ著、丹治愛訳『ダロウェイ夫人』集英社
デカルト著、谷川多佳子訳『方法序説』岩波書店
バートランド・ラッセル著、竹尾治一郎訳『心の分析』勁草書房
アンリ・ベルクソン著、杉山直樹訳『物質と記憶』講談社学術文庫
小林秀雄『感想』新潮社

第十章

Nakamoto, S. (2009). Bitcoin: A peer-to-peer electronic cash system.
　https://bitcoin.org/bitcoin.pdf
人工知能の危険性を指摘するイーロン・マスクのツイート（２０１４年８月３日）
　https://twitter.com/elonmusk/status/495759307346952192?s=20
ＴＥＤ会議におけるイーロン・マスクのトーク
　The future we're building – and boring | Elon Musk
（TED 公式チャンネル）
　https://www.youtube.com/watch?v=zIwLWfaAg-8
「ロコのバジリスク」に関する、「レスロング」上のページ
　https://wiki.lesswrong.com/wiki/Roko's_basilisk
イーロン・マスクの「ロココ・バジリスク」のジョークのツイート（２０１８年５月８日）
　https://twitter.com/elonmusk/status/993572598381514753?s=20
イーロン・マスクとジャック・マーとの対談（２０１９年８月29日、上海にて）

（New China TV の公式チャンネル）
https://www.youtube.com/watch?v=f3lUEnMaiAU
Dyson, F. J. (1960). Search for artificial stellar sources of infrared radiation. *Science*, 131(3414), 1667–1668.
Moore, G. E. (1965). Cramming more components onto integrated circuits. *Electronics*, 38(8), 114–117.
Frey, C. B., & Osborne, M. A. (2017). The future of employment: How susceptible are jobs to computerisation?. *Technological Forecasting and Social Change*, 114, 254–280.
エムラン・メイヤー著、高橋洋訳『腸と脳――体内の会話はいかにあなたの気分や選択や健康を左右するか』紀伊國屋書店
廣松渉『世界の共同主観的存在構造』岩波書店
C・P・スノー著、松井巻之助訳『二つの文化と科学革命』みすず書房
本居宣長『うひ山ぶみ』講談社学術文庫

エピローグ

リチャード・ファインマン、ノーベル賞受賞記念講演（１９６５年12月11日）
The Development of the Space-Time View of Quantum Electrodynamics
（ノーベル財団公式ホームページ）
https://www.nobelprize.org/prizes/physics/1965/feynman/lecture/

N.D.C.401　381p　18cm
ISBN978-4-06-520066-7

講談社現代新書　2576

クオリアと人《じん》工《こう》意《い》識《しき》

二〇二〇年七月二〇日第一刷発行　二〇二四年八月二日第四刷発行

著者　茂《も》木《ぎ》健《けん》一《いち》郎《ろう》　©Kenichiro Mogi 2020

発行者　森田浩章

発行所　株式会社講談社
東京都文京区音羽二丁目一二―二一　郵便番号一一二―八〇〇一

電話　〇三―五三九五―三五二一　編集（現代新書）
〇三―五三九五―四四一五　販売
〇三―五三九五―三六一五　業務

装幀者　中島英樹／中島デザイン

印刷所　株式会社ＫＰＳプロダクツ

製本所　株式会社ＫＰＳプロダクツ

本文データ制作　講談社デジタル製作

定価はカバーに表示してあります　Printed in Japan

「講談社現代新書」の刊行にあたって

教養は万人が身をもって養い創造すべきものであって、一部の専門家の占有物として、ただ一方的に人々の手もとに配布され伝達されうるものではありません。

しかし、不幸にしてわが国の現状では、教養の重要な養いとなるべき書物は、ほとんど講壇からの天下りや単なる解説に終始し、知識技術を真剣に希求する青少年・学生・一般民衆の根本的な疑問や興味は、けっして十分に答えられ、解きほぐされ、手引きされることがありません。万人の内奥から発した真正の教養への芽ばえが、こうして放置され、むなしく滅びさる運命にゆだねられているのです。

このことは、中・高校だけで教育をおわる人々の成長をはばんでいるだけでなく、大学に進んだり、インテリと目されたりする人々の精神力の健康さえもむしばみ、わが国の文化の実質をまことに脆弱なものにしています。単なる博識以上の根強い思索力・判断力、および確かな技術にささえられた教養を必要とする日本の将来にとって、これは真剣に憂慮されなければならない事態であるといわなければなりません。

わたしたちの「講談社現代新書」は、この事態の克服を意図して計画されたものです。これによってわたしたちは、講壇からの天下りでもなく、単なる解説書でもない、もっぱら万人の魂に生ずる初発的かつ根本的な問題をとらえ、掘り起こし、手引きし、しかも最新の知識への展望を万人に確立させる書物を、新しく世の中に送り出したいと念願しています。

わたしたちは、創業以来民衆を対象とする啓蒙の仕事に専心してきた講談社にとって、これこそもっともふさわしい課題であり、伝統ある出版社としての義務でもあると考えているのです。

一九六四年四月　野間省一